叢書＊文化研究6

Ghost Histories: Anthropology of Traces and Surprises

亡霊としての歴史

痕跡と驚きから文化人類学を考える

Yoshinobu Ota

太田好信

人文書院

亡霊としての歴史＊目次

叢書　文化研究6

亡霊としての歴史

――痕跡と驚きから文化人類学を考える

序　章　亡霊と痕跡、そして驚き

――「憑在論」から見える世界

1

一九七八年の夏、大学院修士課程に進学することになり、わたしはフロリダ州からシカゴ近郊のエヴァンストン市へと移り住んだ。ブルーズ狂のわたしはかねてから、シカゴでは「生のブルーズ」演奏をできれば小さなクラブで聴いてみたいと思っており、当時の『リヴィング・ブルーズ』誌編集長だったジム・オニールの自宅（兼編集室・倉庫）を訪問し、シカゴの「ブルーズ事情」について教えてもらったことがある。彼は、そのころ現役で活躍していたジミー・ジョンソン、キャリー・ベル、フェントン・ロビンスン、ウォルター・ホートン、エディー・テイラー、バディ・ガイらの演奏なら、シカゴの「サウス・サイド」よりも、シカゴ北部のクラーク街近くのクラブで充分楽しめると教えてくれた。

当時、『リヴィング・ブルーズ』誌は、同人誌のような体裁の雑誌だった。そのバック・ナンバーを購入したいと伝えると、「どれでも好きなものを持っていってくれ」といわれ、地下室の倉庫に案内された。カビくさい地下室の電灯の明かりの下で、おもにカントリー・ブルーズの演奏家たちを特集していたものを選んだ。その一冊は、ロバート・ジョンスンについて特集していた。

いまでは、ロバート・ジョンスンは米国を代表する黒人音楽家になっている。その「神話化」――ロラン・バルト（二〇〇五）が『神話作用』で明らかにしたように、記号の意味が多様化する過程――された存在を証明するかのように、全二九曲を収録したCDはもちろん、米国で記念切手が発行され、いくつかの小説（そのうちひとつは邦訳もある）の題材にもなり、ドキュメンタリーやドキュラマ、ハリウッド映画でも取り上げられている。日本では、劇画の主人公にさえなっている。(1) 音楽界では、彼の作品だけをカヴァーしたトリビュート集から、最近ではジョンスン・インパーソネイターまで現れているほどだ。

彼の名義で録音された「テラプレイン・ブルーズ」は、約五〇〇〇枚売れ、南部デルタ地帯ではちょっとしたヒット曲となった。しかし、それは死後、ジョンスンが音楽に与え続けている影響に比べれば、微々たるものだった。本人がまったく予想すらしていなかった人びとの手によって、彼は復活したといっても過言ではない。一説によれば、一九三八年八月一六日、ミシシッピ州グリーンヴィルにあるタッシュ・ホッグという男の家で絶命したジョンスンは、「ナザレのイエス、エルサレムの王よ、俺の救済者は生きている。やがて、墓から俺をよびだすためにやってくる」と、書き残したといわれている（Pearson and McCulloch 2003 : 10）。まるで、この絶筆を裏づけるように、歴史は展開したことになる。

一九八六年、ロックの殿堂記念館の開館を祝う行事に合わせ、『ローリング・ストーン』誌にジョンスンの顔写真が発表されたとき、それは一大事件となった。[2] すでに、多くのロック・アーティストたち――そのなかには、英国のロック・ミュージシャンだけではなく、ボブ・ディランに代表されるフォークシンガーたちまでが含まれていた――によって、「本物のブルーズマン」として別格の評価を得ていながら、ジョンスンはその素顔さえ不明だったからだ（それまで彼の写真は一枚もなく、わたしがジム・オニール宅の倉庫から引き出してきた雑誌には、ジョニー・シャインズらジョンスンとともに旅をし、彼をよく知るブルーズ演奏家たちの証言をもとに、警察専属の似顔絵画家による「ジョンスンの顔」が描かれた記事が掲載されていたくらいである）。これら二枚の写真は、一九七四年、あるブルーズ研究家がジョンスンの妹から譲り受けたものだったが、彼はその存在を一〇年以上も隠していたのである。

現在のロック音楽はジョンスンの亡霊に憑かれているかのようである。しかしながら、彼の人物像には不明な点があまりにも多い。いまでは、「ジョンスン研究」ともいうべき多くの研究成果が蓄積され、ジョン・ハモンド、ルディ・ブレッシュ、サム・チャーターズらの先達の仕事――その多くは、歌詞の心理分析であるが――と比べ、歴史主義的視点からより実証的な成果があがっている。そうやって研究が進めば進むほど、まるでこうして彼の存在を歴史に固定しようとする努力を嘲笑するかのように、ジョンスンについての謎は深まっていく。歴史家たちはジョンスンの実像を明らかにしようと努力をするが、その結果は皮肉にも「了解済み」とされてきたジョンスン像をますます曖昧にしてしまったかのようである。

スペンサー、ドッズ、ジェイムズ、バーストウなど、ジョンスン自身はいくつもの名前を使い、デルタ地帯を放浪して演奏を続けたことはよく知られている。だから、「ロバート・ジョンスン」という名前も、そのような名前のひとつにすぎず、デルタ地域では、他の名前のほうが流通していたという。彼は、名前すらはっきりしない存在なのである。

ジョンスンは一九一一年五月八日、ミシシッピ州へイゼルハーストに生まれ、三八年八月一六日グリーンヴィル郊外で死亡した、といわれる。少なくとも、新しい墓石にはそう彫り込まれている。だが、最近になって、彼の息子を自称する男クロード・ジョンスンが、レコードやCDの印税が生む「父の遺産相続」をめぐり訴訟を起こした。そのため、法廷はジョンスンの生年月日を特定しようとしたが、その過程で判明したことは、彼の生年が、小学校の登録記録では一九一〇年、結婚証明書では一九〇七年、二回目の結婚証明書も一九〇七年、しかし死亡証明書では一九一二年と、定かでないことだった（Schroeder 2004：19）。彼はいつ生まれたのだろうか。その最期も謎に包まれている。ジョンスンの死因については、彼が誘惑しようとした女性の夫が彼を毒殺したという通説のほかに、梅毒や肺炎などによって死亡したという話もあり、はっきりしない。写真が公表されるまで、その姿さえ想像するしかなかった。もちろん、顔写真が見つかったからといって、何かが明らかになったというわけではない。

ジョンスンは現代大衆音楽の形成と発展に貢献した。それだけではなく、ブルーズやソウルを演奏してきた黒人たちのなかには、つぎのようにいうものもいる。ジョンスンの音楽を聴くたびに気づくのは、その音楽が当時の米国の社会状況を想像するチャンスを与えてくれることだ、と。(3)

ジョンスンは、放浪を繰り返す黒人音楽家だった。人種化された南部社会からの脱出を可能にする選択肢は限られていたに違いない。ジョンスンは、自由を求める男を体現することになる。

小説のなかのジョンスンはさらに変身し、彼の生きた時代と現在とを媒介する存在となる。「媒介としてのジョンスン」という解釈が説得力を持つのは、一九三〇年代の不況に見舞われた（人種的に階層化されている）南部を生きたという経験が、いまでは人種を超えて米国社会全般へと拡散しているからだと思われる。たとえば、シャーマン・アレクシー（一九九八［1996］）の小説『レザベーション・ブルーズ』では、現在へと回帰したジョンスンが登場する。その背景には保留地での生活の過酷さとジョンスンが生きた時代との類縁性がある。

ウォルター・モスリー（Mosley 1995）の『ＲＬの夢』は、ジョンスンと一緒に南部を旅した経験を持つ男スープスプンを主人公とした小説である。スープスプンは、ニューヨーク市での困窮した生活を不況時代の南部と重ね合わせて語っている。この小説では、ジョンスンは南部の貧困や暴力から生まれた存在であると同時に、自らをつくりだした状況を超越しようとする数少ない存在になっている（Schroeder 2004：131）。スープスプンはジョンスンに比べ、自らの音楽的才能を恥じていた。しかし、自らの記憶のなかに残るジョンスンを音楽家という領域から解放し、自由を体現する人物として語り直したとき、スープスプンはブルーズを再び演奏することができるようになる。それは、ジョンスンが南部の街角で黒人たちに解放のひとときを経験させたように、自分もジョンスンと同じ目的を持ち、いま人びとの心を動かすことができると知ったからである。

2

この序章で、ここまで長々とロバート・ジョンスンについてふれてきた理由は、ふたつある。

第一の理由は、意味の固定を拒絶するように現在へと回帰してくる亡霊の存在について注意を喚起したかったからである。シュローダー（Schroeder 2004）は、ジョンスンという記号化した存在のもつ「神話作用」について論じた著作で、デリダ（二〇〇四、二〇〇七）の「憑在論（hantologie）」という視点に言及している。そのなかで、シュローダーは、死者は反復であり、始まりでもあるというデリダの論点のひとつに着目する。デリダによれば、死者はいつまでも、そのまま――すなわち、ある表象のされ方に――とどまることはない（二〇〇七：三七）。換言すれば、それは突然異なったものとして回帰してくる可能性を持つ。また、亡霊はいつ出てくるか、どのような姿で現れるか、事前には予測できない存在である。亡霊は時間さえも調節不全にし、その反時代性を主張する。それは、まさにコントロールされることがない表象なのである。これまで、多くの映像作家、監督、小説家、演奏家たちが、ジョンスンの亡霊を呼び起こしているが、誰もが「ジョンスンという存在」の意味を完全にコントロールできていない。彼の体現する意味は時代や社会とともに変化する。そうやって復活する姿は、文化的再生（cultural re-membering）、すなわち、死者に別の身体を移植し延命する過程であるといえる。

トニ・モリスン（一九九〇）の小説『ビラヴド』は、亡霊の物語である。女性奴隷が南部農園から逃亡する途中、逃亡奴隷捕獲者が迫ったとき、自らの娘を殺害する。この狂気の沙汰に捕獲者は驚愕し、逃走を見逃してしまう。母親の嬰児殺しを、奴隷制の歴史において再考すると、前者の狂気よりも、後者の制度内に潜在する狂気の方が逆に浮かび上がってくる。だが、『ビラヴド』は現在といういわば「安全地帯」から、過去の過ちを糾弾するような姿勢を許さない。この亡霊譚では、母親セスは亡霊となり自らのもとに戻ってきた娘――「ビラヴド」という名の少女――を溺愛する。モリスンは母親の生きる世界を、狂気の支配する世界にすぎないとして一面的に描いているわけではなく、母親の世界を、失ってしまった娘が戻ってきたことによってもたらされた喜び――そのような喜びを否定する母親はいないだろう――に満ちた世界としても描き出している。セスの世界は、狂気により支配されているから不幸な世界なのか、それとも狂気という代償を払うに値する至福の世界なのか、容易には決めることができない。ただ、セスが生きる世界とは、可視化することは無理でも、その存在を日々体験せざるを得ない亡霊の住む世界であることは確かだ。それは、「過ぎ去った」といわれているものに憑かれた世界なのである。そんな世界は狂気に満ちている、といって簡単に否定できないのである。

第二の理由は、ジョンスンをめぐる歴史研究の深まりが、ジョンスン像の確定へとは向かわず、既存の認識を覆し、これまでのジョンスン像をいっそう曖昧に、より不確定にしてしまうという事実にある。このことはすぐれて、文化人類学の知識のあり方を射照すると考えられる。これまで文化人類学の知識形成を論じるときには、「混沌に秩序を与える」という比喩を使うことが多かった。しかし、いままでは文化人類学の知識とは、その支配的語り口を完全に置き換えたりはしないまでも、少なくともそれをより曖昧にし、複雑にするような比喩でも語り始められている。曖昧さ、矛盾や不安定性という概念が、評価されるようになっているのだ（Taussig 2003 : 126）。また、これまで了解済みとされ、すでに古くなった諸概念は再機能化されてもいる（クリフォード　二〇〇三）[4]。

本書の各章を貫く共通の視点は、ロバート・ジョンスンという存在が現在へと回帰する姿とモリスンの『ビラヴド』に通底する、いわば「憑在論」といえるものである。歴史の出来事は過去として振り返られるものではなく、つねに現在へと姿を変えて回帰する可能性を秘めており、だからこそ出来事の意味は何度もこじ開けられることになる。本書は、時間の流れに逆らうように、過去の出来事がわたしたちの社会に憑くさま――いわば、時間の「脱節（out of joint）」――に着目し、その結果、世界に対し驚きを持つという視点から、研究対象を描き直そうとするものである。

3

このような視点は、各章で扱っている多様な対象への具体的問題関心から徐々に形成されてきたものである。これまで述べてきた理論的視点を応用して対象を分析してみせたもの、とは誤解しないでいただきたい。本書で提示した視点はすべて、グアテマラにおけるフィールド調査、現代日本社会の状況認識、さらには（それらフィールドやホームとは異質と思われるかもしれないが）

個人的趣味の世界に由来しており、けっして理論的書物の読解が先行していたわけではないのである。この点はあらためて強調しておきたい。

本書に収めた論考は、第二章を除いてすべて二〇〇三年の後半以降の口頭発表の原稿をもとにしている。一書に編むに際し、できるだけ重複を避け、注などに説明を補った。完全とはいえぬまでも、ほぼ書き下ろしである。各章の視点は一貫しているが、扱うテーマにばらつきがあるのは、それぞれに異なった研究会や学会での口頭発表の要請に従ったためである。それらの詳細に関しては、あとがきを参照していただきたい。

わたしは、文化人類学者自身の解釈の枠組みと「資料」との弁証的関係を意識せざるを得ないと考えている。これは文化人類学的視点の大きな特徴のひとつであり、この学問に対するさまざまな批判がある現状において、この特徴は人文科学全般においても忘れられるべきではない価値を持つと信じている。これは、フィールド調査へ赴き、そこで収集した資料を、手元の理論で分析する態度とは決定的に異なる。なぜ、そのような資料が必要なのか。不必要として排除した資料があるとすれば、そのような峻別を可能にしているものは何か。もし、それが「理論」の結果なら、その理論に限界はないのか。資料のうち、一部を了解可能なものにし、他を了解不能にしてしまう文化人類学者自身の理解の地平は、どのようにして形成されるのか。これらの疑問は、資料を前にしたときの、「驚き」となって表現される。

わたしが想像する文化人類学のあり方へのひとつの「道標」と考えて、付録として「リーディング・リスト」をあげておいた。そのリストには、通常「文化人類学」という名でよばれる学問とはかけ離れた多様な書物が含まれている。それは、その学問の魂を継承していると思える書物があり、他の場所、他の領域へと越境しなければ何も「発見する」ことができないと思えるからである。

いま、文化人類学のアイデンティティは揺らいでいる。言い換えれば、この学問の特徴をすでに了解済みのものとして扱うことが困難になってきている。忘れ去られてしまったかに見える書物に対峙し、そこから新しい意味を導き出すことも、学問の特徴を再考するときには大切な手がかりのひとつになるだろう。文化人類学者の周辺には、再解釈を求め、回帰し続けるテクストも少なくないはずである。それらのテクストは「文化人類学の魂」とでもよびたいもの——繰り返すが、「文化人類学」という呼称は便宜的であり、現在大学などの制度内で教育・実践されている学問とは合致しない場合も多い——を継承している。付録のリストには、そうしたテクストを拾い集めた作業の結果も含まれている。

世界はすでに語りつくされたかのような印象を与える、というような言明は、文化人類学の黎明期からさまざまなかたちで存在してきた。文化人類学はこの言明に対して、否をして応えることから始まったといえる。第一章で取り上げる「最後のカリフォルニア・インディアン」イシの文化を「救済」しようとするアルフレッド・クローバーは、未開趣味と一線を画す「科学」として、文化人類学を立ち上げようとしていた。

この否定には、少なくともふたつの意味があったと思われる。第一には、なかば文化人類学的研究の暗黙の前提になってしまった感さえあるが、多様性を擁護するという意味である。いまだに調査されていない地域があり、いまだに明らかにされていない現象があり、いまだに代弁を待つ声があるから、それらが研究対象になる。しかし、それら多様性の擁護は、急速にルーティン化し、やがてなぜその地域が重要であり、その現象が解明を待たれ、また代弁されるべき声なのか、その理由すらよく分からない場合も増えていった。フィールド調査に赴き、研究対象を調べることが自己目的化してしまったのである。

第二には、世界が語りつくされたように見えるのは、ある視点からそう見えるにすぎないという意味である。この意味は、どれだけ現在の文化人類学の実践に継承されているのか不明である。理論的枠組みからはみ出す資料を排除すれば、たしかに理論は成立する。だが、もし排除した資料に着目すれば、万能に思えた理論も組替えを迫られる。少なくとも、結論へといたるステップで躊躇することを迫られるだろう。語りつくされたかのように見える世界に対し、ふたたび驚きを見いだすのである。

このふたつの否の意味は二者択一の選択肢として与えられているわけではない。しかし本書では、第二の意味を強調してみたい。いまでは第二の意味が第一の意味よりも顧みられることが少なくなってしまった、という印象を持つからである。

イシの物語は、先住民たちを虐殺していった米国史の暗闇を照らす。だが視点を変えれば、この物語は、親族だけではなく「部族」が虐殺され、たったひとり残された男が、歴史に対して柔軟に対処し、近代国家内に生き残ろうとしている物語としても解釈が可能である。その物語には、四〇年もの長い間白人の目を逃れて生活せざるを得なかったが、新しい言語を習得し、新しい環境に適応し、少しでも自己の生活できる空間を確保しようとした先住民の姿がある。圧倒的力を行使する白人社会を前にして、たったひとり残された人間にできることは限られている。けれども、可能性が限られていることと可能性が完全に閉ざされてしまうことは別である。

文化人類学は、これから進むべき方向について考える必要に迫られている。その試みは、世界はいまだに完全に語りつくされてはいないという前提の意味を再考し、そこから学問全体を捉え直すことから始まるだろう。本書は、その再考へのささやかな一歩にすぎない。

第一章　終焉を拒む先住民たちの歴史

――「返還」と媒介としての人類学的実践

1　はじめに――媒介としての「モンタージュ」に向けて

二〇〇四年五月二四日、中国人元炭鉱労働者一五名が国と三井鉱山を相手取り総額三億四五〇〇〇万円の損害賠償を請求していた訴訟の判決で、福岡高等裁判所はこの損害賠償請求を棄却した。それは、賠償請求権が消滅する除斥期間の起算点を強制労働が終了した一九四五年八月とし、訴訟事案が二〇年以上経過したので請求権は消滅したと判断したからである。戦時下強制労働者が起こした補償請求訴訟の大部分や元従軍慰安婦たちが起こした補償請求訴訟が始まったのは、一九九〇年代に入ってからである。この時期になってはじめて、補償請求訴訟を起こすことが可能になった歴史的変化がある。残念ながら、そうした変化への認識は、判決文には反映されていない。

植民地主義下の不法行為は過去のことであり、その意味では終焉し、閉塞した歴史である。だが、それらの不法行為の歴史は、予期せぬ政治的・経済的・文化的展開によって、その閉塞を打ち破られる。福岡高裁の判決は、過去と向き合うことが民主国家の成熟度を示すといってもいい時代に、植民地主義が生み出したゆがんだ過去を語り直す絶好の機会を、みすみす逃してしまったことになりはしないだろうか（cf. Barkan 2000 : xxix）。

判決を前にしてわたしが考えたのは、この裁判が過去の不正義を正す機会だったということだけではなかった。そもそも、司法制度が歴史の沈黙を破る声の受け手として適切かどうかも、きわめて疑わしい。それよりも、驚くべきことに、この裁判を通して聞こえる声が、繰り返し宣告される歴史の終焉——植民主義の終焉や冷戦構造の終焉——を否定し、時間を脱節し、回帰し続ける過去からの声であったということである（太田　二〇〇三b）。つまり、司法制度によって補償を勝ち取ること以上に、その声は現在の社会状況に対するわたしたちの認識を問い直すことを求める声なのである。わたしは、歴史的他者からの声を現在のわたしたちという存在に媒介すること——歴史的他者の声を受け取り、それが向かう目的地だけではなく、それとは異なった方向へと導くこと——が重要であるといいたい。その理由は、個人の倫理に照らし合わせて重要だというのではなく、社会分析の進むべきひとつの方向は、歴史と文化によって隔てられた対象をいま、ここへと媒介することだと考えているからである。M・タウシグ（Taussig 1992 : 6）は、そういう分析のスタイルを「モンタージュ」とよんでいる。

歴史的対象と自己とを媒介する「モンタージュ」。タウシグの示す文化分析の一方向は、E・W・サイード（Said 2003）の『フロイトと非‐ヨーロッパ人』に流れている歴史認識と通底している。サイードは、その著作のいわば方法論とでもよべる箇所において、時間の経過が可能にするテクストの新たな読みの可能性について、次のように論じている。J・コンラッド（一九五八）の『闇の奥』は、C・アチェベ（Achebe 1988［1977］）による辛辣な対抗的読解がなされた後も、その意味は完全に失われることはなく、歴史は、著者コンラッド自身が予期していなかったような、そのテクストが許す新たな読みを可能にする。「〔後から来る〕歴史は、先行する思索家や思想の終点と思われてきたものを、テクストの著者たちが夢想すらしなかった文化、政治、認識論的編成に結びつけ、それをこじ開け、そしてそれに挑戦する」（Said 2003 : 25）。歴史のダイナミズムは、テクストに潜在する現在を照らし出す力を突然浮上させる。すでに古くなったと思われたテクストが、現在へと媒介されるのである。

いま述べたような歴史認識のもと、ここでは新大陸の先住民と文化人類学や人権言説との関係を語り直すきっかけとして、最近のカリフォルニア先住民とグアテマラのマヤ系先住民の活動やその表象のされ方を取り上げ、「返還（repatriation）」という概念の持つ可能性と限界——つまりそれが生み出す新たな困難や問題点——について考えてみたい。

この返還という概念は、先住民の過去と現在だけでなく、しばしば文化人類学の過去と現在をも巻き込み、両者を媒介する。その過程において、著名な文化人類学者が偶像破壊的批判にさらされた。しかしそれは、「文化人類学（者）バッシング」を加熱させただけだとはいえない。先住民たちの未来と同様に、文化人類学の未来も植民地主義の歴史によって閉ざされてしまったわけではない。両者の間のねじれた関係は、再度解きほぐされ、結び直される可能性もある（Clifford 2004）。したがって、返還や和解（reconciliation）は過去に立ち返るという意味で歴史に帰属する概念なのではなく、現在と過去との間に横たわる時間的差異によって可能になるものは何かを浮き彫りにする、未来を志向する概念だといえるのである。

まず、「返還」という概念について。有形、無形の文化遺産は特定の社会集団の所有物であり、欧米の博物館はそれらの遺産をこれまで保管していたにすぎず、今後は要請があればそれらを返還しなければならない、という風潮は世界規模で拡大しつつあると、M・ブラウン（Brown 2003）は報告している。この機運が「返還」という概念で語られる。国連の場における先住民の権利保障の運動と並行し、国ごとに差はあるものの――戦後補償問題を解決するための法案化とならんで――未開社会への興味の大衆化、環境保全主義の隆盛、さらには植民地主義やジェノサイドの歴史に対する罪悪感などから、一九八〇年代以降先住民の所有権を保全する法制度の整備が急速に進行した（Brown 2003 : 16）。たとえば、第2節において言及するが「(北米カリフォルニア先住民である）イシの脳」の返還を可能にしたのは、一九九〇年に制定された「先住民墓地保全と返還法（NAGPRA : Native American Graves Protection and Repatriation Act)」であった。

博物館関係者、考古学者、形質人類学者のなかには、この法律を喜んで受け入れているわけではない人たちもいる。これまで大切に保管してきた器物や（人骨を含む）資料が、返還後は適切な管理がなされないまま、放置されるのではないか。また九五〇〇年前の人骨とされる「ケンウィック人」をめぐる論争が明らかにしたように、考古学的資料は人類全体の知識の発展に寄与するはずであるにもかかわらず、この法律が可能にする返還請求によって、一部の部族政治家たちの利害の犠牲になりはしないかなど、いまでもこの法律への批判は存在する（D. H. Thomas

2000)。

先住民たちの要求は「アイデンティティの政治」であり、したがって特定集団の利害にもとづいた主張にすぎず、反対に科学者たちの立場はつねに中立で、純粋な知識の探究であるといったところで、逆に科学者の側の政治的意図が透けて見えてしまう場合もある。アメリカ合州国の世論は明らかに、先住民たちの立場を後押ししている。「イシの脳」の返還が大きな話題をよんだのも、過去の不正義を正す制度としてこの法律が広く支持を得たためであろう。

法制度の整備は、過去への贖罪という動機によりおこなわれてきたのかもしれない。だが、返還は過去への贖罪が不可能であるからこそ、むしろ新たな関係の構築へと開かれている。返還は過去へと立ち返ることにより、未来へと向かっているといってもいい。返還という概念により把握されるのは、器物や人骨の返還——しばしば、その返還の対象も簡単には特定できない——が終点となるような過程ではなく、法制度が先住民たちと国家ならびに支配的な民族との関係の再交渉を許すという意味で、返還後も継続する関係を築く過程なのである（第五章参照）。

そのような過程に文化人類学も巻き込まれる。クリフォード（二〇〇三）は『文化の窮状』において、一九七六年マシュピー・ワンパノアグ部族評議会が起こした土地所有訴訟の予想外の展開について次のように述べている。この裁判は正確には土地所有請求というよりも、部族としての認定をめぐって争われ、法廷での係争の中心には（文化人類学的意味での）文化という考え方があった。クリフォードは、文化が部族という制度的概念よりもはるかに柔軟な概念であるにもかかわらず、その「本質主義」的傾向のために、先住民が先住民として生き抜いてきた歴史を把握するには不充分であることを示した。

この事例は、ここで取り上げる返還をめぐる議論には無関係のように見えるかもしれない。しかし、この裁判で争われているのは、先住民に対しての文化という概念の返還であるともいえないだろうか。マシュピーが不完全なかたちかもしれないが、それぞれの時代の制度を利用しつつ、先住民であり続ける努力をしてきた歴史を、文化人類学――だけではなく歴史学も――は文化の喪失による同化か、それとも真正な文化の保持か、という二者択一の篩にかけ続け語りつくそうとしてきた。裁判においては、原告も被告も同じように共有していた文化概念が、先住民たちの歴史と現在――つまり、変化をとおして連続性を保持するという複雑な過程――を捉えきれず、この裁判では部族認定――クリフォードが記述した裁判の後、一九八七年にマシュピーは部族認定を受けている（Darnell 2001：339）――を受けることができなかったのである（クリフォード二〇〇三：四三八―四三九）。だからといって、何か文化に代わる概念が手元にあるわけでもない。文化を取り巻く窮状がにわかに浮き彫りになる。

そうした窮状においても、先住民たちの証言のなかには、文化人類学の概念構成の不備を明るみに出すと同時に、その概念を放棄するのではなく、再機能化しようとする努力が読み取れた。たとえば、裁判における証言者のひとりラモナ・ピーターズは全米愛国婦人会をマシュピーの歴史の一部に取り込んで説明していた。独立戦争に参加したマシュピーの人間一四九名が命を落としたからこそ、一見この愛国主義的集団が無視するであろうと思われる先住民との間の親和的関係を強調する。異質な歴史を排除せずに、取り込むのがマシュピー文化の特徴だというのである

（クリフォード　二〇〇三：四〇五）。このように、先住民の歴史は、法廷という場において、文化人類学へと媒介され、その中心概念であった「文化」という考え方の可能性と限界――この概念が置かれた窮状――について反省を迫っているのである。

次に、「返還（repatriation）」という概念のもつ可能性と限界――つまりそれが生み出す新たな困難や問題点――について、アメリカ合州国とグアテマラ共和国の事例から考えてみたい。それぞれの国において、一九九〇年代に入ってからの法制度の整備が、先住民たちの復活を強烈に印象づけている。アメリカ合州国においては「先住民墓地保全と返還法」であり、グアテマラにおいては和平協定調印と同時に議会で可決された「国民和解法」である。

2　イシの脳の行方

一九一一年八月二八日の夕刻、ラッセン山の麓にありゴールドラッシュ時代に栄えた町、カリフォルニア州オロヴィルの畜殺場のフェンスの外に、ひとりの先住民が現れた。キャンバス布の断片で身体を覆い、裸足で立ちすくんだこの男は、服喪の身にあることを示すためか、髪を短く焼き切っていた。後にイシと命名されたこの男は、最後の「野生のインディアン」として、一九一六年三月二五日に結核で亡くなるまで、サンフランシスコにあったカリフォルニア大学博物館でおよそ三年半生活することになる。

イシの存在を今日まで語り継ぐことに貢献したのは、一九六一年に刊行されたシオドーラ・クローバー（二〇〇三）の著書『イシ――北米最後の野生インディアン』である（Foster 2003：90）。[1]「石器時代から鋼鉄時代へと突然、ひとりで、いや応なしに移った」（クローバー　二〇〇三：三五八）イシは、アルフレッド・クローバーによれば「忍耐の哲学を完全に身につけ、自己憐憫とか苦渋の跡が全然見られなかった」という（クローバー　二〇〇三：三五七）。そのイシとアルフレッド・クローバーとの間には、「尊敬と信頼との変わらざる愛情」（クローバー　二〇〇三：二二七）が存在した。自らの家族や親族だけではなく、「部族」全体を殲滅した白人社会に対して、イシは少しも敵意や怨念を表さなかったという。それが、クローバーのいう「忍耐の哲学」である。『イシ』の冒頭、シオドーラ・クローバーはカリフォルニア先住民の惨殺の歴史が、アメリカ合州国全体の歴史となることを願っていると記している。[2] イシの忍耐強さ。多くの先住民を皆殺しにしてしまった歴史のおぞましさ。この対比が鮮明に描かれるテクストは、読者に罪悪感と悔恨を共有することを迫ってくる。

イシの死後、少なくとも白人たちの間では彼についての記憶は急速に薄らいだ。イシをカリフォルニア大学の博物館に受け入れたアルフレッド・クローバーも亡くなり、アルフレッドの後妻シオドーラ・クローバー――アルフレッド・クローバー夫人へンリエッティは、まだイシが博物館で生活していたとき、結核で死亡している――の著書が刊行されたとき、イシの死後からすでに四五年もの時間が経過していた。このテクストが対象とする歴史は一九世紀後半から二〇世紀初頭である。と同時に、第二次世界大戦の歴史認識――原爆やホロコーストなど――を経ているので、テクストはヤヒが皆殺しとなってしまった歴史と、それらの殺戮の歴史とを結びつけるこ

とになる。(3)

しかも、テクストは一九六〇年代から七〇年代にかけてのアメリカ合州国の社会情勢をアレゴリーとして語り出してもいる。国内では人種対立が、東南アジアではヴェトナム戦争が激化したこの時代、リベラル層の罪悪感に訴える著作——たとえば、D・ブラウン(一九七二)の『わが魂を聖地に埋めよ——アメリカ・インディアン闘争史』——や、『イシ』のなかで語られたクローバーと先住民との関係のような融和の物語が脚光を浴びた(Starn 2004 : 59-60)。憎しみや暴力がエスカレートする時代にあって、「寛容、相互尊厳、対立の融和」などが求められていたのである(Starn 2004 : 161)。

しかし、白人と先住民との悲惨な歴史を乗り越え、融和へと向かう物語にも、終わりはなかった。イシの物語は、さらなる複雑な展開を見せる。一九九七年、バット郡アメリカ先住民文化会議のアート・アングルは、サンフランシスコの墓地に保管されているイシの遺灰を、ラッセン山の麓に埋葬しようという運動を始めた。オロヴィルの先住民たちの間では、イシの脳は、解剖後身体と一緒に火葬にふされたのではなく、ホルムアルデヒドに浸けられ、見世物小屋を巡回した後に、博物館で保管されているという噂が昔からあったという。もしその噂が本当ならば、脳を探し出し、遺灰と一緒に埋葬してあげたいというのが、アングルの希望であった。彼がこう考えたのも無理はない。カリフォルニア先住民たちにとって、どのような理由であろうとも、死後身体を切り刻むのは適切な葬送にはなりえないからである。

この希望を現実に近いものにしたのは、「先住民墓地保全と返還法」であった(Starn 2004 :

28)。しかし、問題は残っていた。たとえ、八〇年以上も前の脳を発見したとしても、この法律には、遺骨や遺品は部族の直系の子孫に返還されるべきだという規定がある。イシを最後にヤヒが完全に絶滅してしまったいま、その遺灰は誰に対して返還されるべきなのかははっきりしない(Starn 2004 : 91)。しかも、アングルはマイドゥの出自であり、ヤヒとは歴史的に敵対関係にあった「部族」だといわれていた。このような困難が予想されるにもかかわらず、アングルは「ヤヒは全滅してしまった。わたしがやらなければ、誰がその仕事をするのか」(Starn 2004 : 92) と語り、自らも同じカリフォルニア先住民であるという立場から、イシの遺灰と脳の所在の探索を開始する。

アングルは、当時イシの後見人であったアルフレッド・クローバーが勤務していたカリフォルニア大学バークレー校に脳の所在を問い合わせるが、解剖後脳は保管されず、身体と一緒に火葬された、という短い返答を大学から受け取る。アングルはこの返答に納得しなかった。同じころ、彼は文化人類学者オーリン・スターンと出会い、これまでの経緯を説明し、協力を求める。ほどなく、スターンはバークレー校の文書館《アーカイヴ》で、クローバーがスミソニアン博物館の形質人類学者A・フルドリカ (A. Hrdlička 1869–1943) 宛にイシの脳を寄贈する旨を記した一九一六年一〇月二六日付の手紙を発見した。

この手紙を持参したスターンに対して、スミソニアン博物館返還事務局の対応は迅速だった。返還事務局は「先住民墓地保全と返還法」の規定に従い、イシの脳を返還すべき相手を決定するためのプロセスに入る。一九九九年四月、その案件をめぐりカリフォルニア州議会で公聴会が開かれた。この公聴会において、ヤナの子孫であり、レディング保留地で児童福祉担当員として働くミッキー・ジンミル――彼は一九七〇年代のインディアン運動の活動家だった――の証言が話題をよんだ。ジンミルは自らの祖父の時代に起きた白人によるヤナの人びとの殺戮事件を、ヤヒであるイシと近縁関係にあったヤナとしてはじめて語って聞かせた。それは、ヤナであることを隠しとおすことによって、生存がようやく保障されてきた生活についての物語でもある。彼の語りは強い説得力を持っていた。返還事務局はジンミルに対してイシの脳を返還する、という決定を下した（Starn 2004 : 215, 223）。これまで返還運動に時間とエネルギーを投入してきたマイドゥのアングルらは、返還の対象からはずされてしまった。

一方、脳が発見されたことによって、シオドーラ・クローバーが『イシ』のなかで引用した、夫アルフレッド・クローバーが博物館学芸員ギフォード宛に残した手紙の内容の矛盾を明るみに出した。「遺体の処置については、〔……〕どのような部分も与えぬよう、〔……〕お願いします。科学研究のためという話が出たら、科学なんか犬にでも食わせろ、〔……〕といってやりなさい」（クローバー　二〇〇三：三六四）。A・クローバーはこの自らのことばを裏切るように、科学を感情に優先したのである（Sheper-Hughes 2003 : 115）。バークレー校の文化人類学部は、先住民への謝罪にはほど遠い内容ではあるが、学部全体の総意として次のような公式見解を発表した。「解剖を望まなかったイシの希望に反して、彼〔アルフレッド・クローバー〕は、不可解にも、イシの脳をスミソニアンに送り、そこで保管するように手配をおこなった」（Brandes 2003 : 87）。

バークレー校のある文化人類学者によれば、カリフォルニア先住民の言語などについてクローバーが推進した救済文化人類学的研究——その成果が、『カリフォルニア・インディアン・ハンドブック』(A. Kroeber 1925) である——は、「ジェノサイドへの弱い反応」であったという (Scheper-Hughes 2003 : 104)。この評言には、消滅寸前の文化を記録する研究のなかに、消滅の原因を明らかにして、それを阻止するという行動は含まれていなかった、というこの文化人類学者の批判が込められている。

しかし、クローバーがおこなった救済文化人類学的調査結果は、現在の先住民運動を推進している人びとから高い評価を得ている (Starn 2004 : 224)。たとえば、そのハンドブックから、自らの先祖の生き方について学び直している先住民たちもいる。とすれば、文化人類学者アルフレッド・クローバーや (彼の師であったF・ボアズらのおこなった) 救済文化人類学の未来も、イシの脳をめぐる出来事によって複雑になりはしたものの、完全に閉じてしまったとはいえないだろう。クローバーが残した仕事は、博物館や図書館だけではなく、どこか、別の場所へと移動し、甦ることができるのである。

二〇〇〇年八月、イシの脳と遺灰はラッセン山の麓で秘密裏に埋葬された。「先住民墓地保全と返還法」は、先住民たちによりアメリカ合州国で先住民として生活する誇りを回復するために利用可能な制度となったのである (cf. Clifford 2003 : 76 ; 太田　二〇〇四)。しかし、その法制度は、返還に向けて積極的に働きかけをおこなってきたマイドゥのアングルとスミソニアンから脳を受け取ったヤナのジンミルとの間に、新たな分断線を引いてしまった。「いつになっても何も変わりはしない。白人たちはインディアンを社会の底辺に押しとどめようとして、われわれを分断するのだ」（Starn 2004 : 250）とアングルは述べていた。しかし、後日、彼が主催したイシの脳の返還をめぐる会議においては、この分断を乗り越えようと、自らの努力よりもジンミルらの努力を称え、さらに「返還が終了し、はじめて治癒の過程が始まるのだ」とアングルは発言するにいたるのである。

イシの脳の返還をめぐる過程は、けっしてここで終了したわけではないだろう。アングルがいうように、新たな法制度は歴史を現在へと媒介することを可能にする反面、過去には予想し得なかった分断や対立をつくりだす。しかし、それもまた新たに乗り越えられるべき課題として先住民と文化人類学者たちの前に与えられているにすぎない。

さて、イシとは誰だったのだろうか。先住民画家のフランク・デイ（Frank Day 1902-1976）は、一九七三年に自らの記憶をたどりながら、《イアミン・ムールでのイシとその同伴者》という、イシが重症を負ったヤヒの同伴者に治癒を施している姿を描いている。イシはシャーマン、あるいは治療者であったのかもしれない。カリフォルニア大学付属病院で働くサクストン・ポウプ医師に同伴し、病院内の患者たちを巡回したとき、イシは治療儀礼の歌を唄っている。

また、イシは四〇〇あまりの蠟管録音を残しているが、そのうち二〇〇ほどは歌であり、それらの歌のうち少なくとも四つはマイドゥ語で唄われている。スターンは、これらをマイドゥ語話者である数名の老人たちに聞かせた。その結果、二つは「呪術にかかわる歌」であることが判明した。自らを守護する精霊から受け取ったそれらの歌を白人に唄って聞かせたことに、老人たちは驚きを隠せない。なぜ、あえて自らに災禍を運ぶようなことを、イシはおこなったのであろうか。「彼は自ら死を求めていた」というのが、それらを聞いた老人の解釈だった。イシは「部族」の者たちから怖れられていた呪術師だったのだろうか。彼は部族から追放されたという噂もあったという（Starn 2004 : 300-301）。

さらに視点を変えれば、イシは消滅寸前のカリフォルニア・インディアンとして存在していたのではなく、圧倒的力をもつ社会に適応し、生き抜く力を示したともいえる。地球上に自らと同じことばを話す人間が消滅してしまった存在がイシであった。そして、彼はこれまでの生活を大きく変化させることによってしか生きることができないことを知った。イシがオロヴィルの農場に現れたときの気持ちは、いかなるものだったのか。彼が体現しているのは、消滅する運命にある――過去に帰属する――存在ではなく、近代に参加し、柔軟に環境に適応し生き延びるインディアンの姿でもあるに違いない。

シオドーラ・クローバーが調和のシンボル、自然とともに生きる人格者として語りつくしてしまったかのように見えたイシは、いまだに不可解な謎を秘めた、より複雑な意味を体現する人物として回帰してきている。イシは文化人類学者たちが了解可能な存在として理解の地平を閉ざそうとするときに再び現れて、その閉塞を打ち破る。彼は先住民と文化人類学者とを調和に向け和解させるのではなく、矛盾をはらみながらも、緊張関係を維持し、双方が同居する関係をわたしたちに想起させ続けるという意味で、ベンヤミンの顰に倣っていえば、「弁証法的イメージ」(Buck-Morss 1989 : 66) なのである。

3　『ドミンガの旅』――離散者としてのグアテマラ先住民

返還は器物や人骨などの受け渡しによる、分断を超えた新たな関係の創出を意味するだけでない。ある個人にとって、これまで忘却の彼方へと押しやっていた記憶に、新たな関連づけをおこなう作用もある。個人は文字どおり「本国へと帰還する」するのである。だが、その帰還は、故郷へと戻り、亡命の物語が終わりを告げるのとはほど遠い、未来に向けた解決を見ない、混沌とした関係の始まりなのであった。

一二歳のとき、グアテマラのマヤ系（アチ語）先住民だったドミンガ・シック（Dominga Sic Ruiz）は、アメリカ合州国アイオワ州のある小さな町に住むバプティスト派牧師夫妻の養子となり、デニース・ベッカー（Denise Becker）と名乗るようになった。

三六年間継続し、死者二〇万人を数えたグアテマラ内戦のなかでも、とりわけ凄惨さをきわめたのは一九八〇年代初頭である。国連の真相究明委員会（CEH 1999：41）によれば、一九八一年から八三年において軍がおこなった反ゲリラ戦は「マヤ民族に対するジェノサイド」であったという。この当時、彼女はバハ・ベラパス県ラビナル近郊にあるリオ・ネグロ村で生活していた。父親はグアテマラ農民統一委員会（CUC）に参加し、世界銀行などの出資によるチショイ・ダムの建設に反対していた(4)。八二年二月、軍の代理となっている自警団は隣村ショコックの市場にリオ・ネグロの男たち七六名をよびだし、その後山へと連行し、そこで全員を殺害した。この事件が起きてすぐに、残った村の男たちは、政治運動には関係ない女性と子供は安全であると判断し、彼女たちを残したまま村を後にした。

その一カ月後、軍が村を襲い、女性と子供総勢約一八〇名を丘の上に連行し、そこで皆殺しにした。遺骸は付近の川に放置された。兵士が村に到着したとき、ドミンガは生後間もない妹を背負い、山中へと逃げ込んだ。九歳のときであった。四カ月間山のなかで生き延びようしたが、赤ん坊は死んだ。その後、彼女は首都の孤児院に一時身を寄せ、二年半後牧師夫妻に引き取られたのである。

長らく否認し続けてきた一九八二年の記憶は、思春期から結婚し家族を持った後も変わりなく、ずっと彼女を苦しめてきた。その記憶に向き合えないままでいたとき、いとこのメアリー・パーヴィスに自分が経験したことを打ち明けた。メアリーは、デニースの語る悪夢のような話は、リオ・ネグロ村の虐殺であることを突き止める。

二〇〇〇年六月、二六歳のデニースは養父母やいとこ、夫の経済的支援を受けて、夫とともにグアテマラの親戚と再会する旅に出ようとしていた。それはグアテマラでのおぞましい記憶を抑圧するなか、アチ語もスペイン語も忘れてしまったデニースが、自分を回復する旅だった。同時に、デニースはリオ・ネグロでの虐殺の目撃者でもあった。世界銀行の経済発展政策に反対する非政府組織、アムネスティー・インターナショナル、さらには一九八二年の虐殺の最高責任者リオス・モント将軍に対する虐殺の責任を問う裁判を進めている団体などは、デニースのグアテマラへの帰還を、彼女の個人的な旅ではなく、それらのアジェンダを推し進めるために活用できるケースとして大々的に取り上げるようになっていた。

ドミンガはショコック村の秘密墓地から父親の遺骨を発掘し、母親と一緒に葬ることを望んでいた。だが、ショコック村では父を殺害した元自警団員たちが罪を咎められることなく暮らしている事実を知り、ドミンガは強い怒りをおぼえる。自らの親戚と出会い、また父母を一緒に埋葬しようという私的な動機から生まれた旅が、グアテマラ内戦への不正義に対する憤りへと変化する。ドミンガはリオ・ネグロでの虐殺の責任を追及する法廷闘争において証言をおこなう決心をする。秘密墓地の発掘が進むにつれて法医学発掘チームのメンバーや虐殺の生存者たちは、脅迫を受けるようになった。マヤ系（アチ語）先住民の村々も、いまだに引き裂かれたままなのである。

ドミンガはリオ・ネグロの村人らとともに、父を母と一緒の墓に葬る。過去の記憶と向き合い、折り合いをつけることにより、ドミンガは人間としての自立を獲得する。以前と同じように、自己を押し殺して生きるドミンガを求めていた夫ブレインとは、別居する道を選ぶことになった。

ドミンガ／デニースの自己発見の物語は、アメリカ合州国の軍事援助により可能になったグアテマラ内戦の歴史がけっして終焉することなく、いまも個人の生活をゆがめていることを示す。こういう現実を前にして、人権侵害が継続するグアテマラに対する国際社会の態度はどうあるべきなのか。こう問いかけるのが、ドキュメンタリー映画『ドミンガの旅』（Flynn 2002）である。

この作品は、二〇〇三年夏にアメリカ合州国で上映されたが、同時にグアテマラでも話題をよんだ（たとえば、『プレンサ・リブレ』紙、同年八月一〇日付）。虐殺から逃れた生存者が長い沈黙を破り、いまその惨状を目撃者として語り出す。ドミンガがグアテマラの親戚と再び関係を築き上げるという目的は、虐殺の加害者が咎められることなく生き延びているという不正義を正すことへと変化しつつあった（McConahay 2003）。しかし、ドミンガはこの人権言説により構築された先住民像に合致しない発言も繰り返している。たとえば、「父親の埋葬を終えて、心に平静を取り戻している」という。この心の平静は、社会的不正義を正すという目的と、すんなりと連結しない。

両親を失い、言語を失い、友人や親戚とのコンタクトを失い、子供のときに生活していた共同体はダムの底にその姿を消してしまっているにもかかわらず、ドミンガはあえてグアテマラに戻り続けようとする。彼女のことばでは、「アメリカとグアテマラの両方が必要だ」という。その努力は、あたかも調和することのない、緊張関係にみちたふたりの自分を同時に生きようとするかのようである。グアテマラへの彼女自身の帰還は、記憶と向き合い、その記憶をアイオワで生活してきた自分のなかに無理やり調和させずに、生涯をかけて――「グアテマラでのことを伝えるのは、わたしの生涯の仕事となるでしょう」とドミンガはいう――ともに生きることの決意表明なのではなかろうか。彼女にとって合州国で自分らしく生きるためには、まさにグアテマラへの帰属意識が不可欠なのである。故郷へと帰還することによって調和が得られる亡命者（exile）ではなく、彼女はアメリカという新しい土地で自分らしく生きるために記憶と向き合う離散者（diaspora）のひとりになる。

ドミンガが証言しているリオ・ネグロ虐殺を訴える裁判が可能になったのは、グアテマラでの和平協定の調印と同時に議会において可決された「国民和解法（ley de reconciliación nacional）」である。そこには、ゲリラ組織であるグアテマラ民族革命連合（URNG）の武装解除、それと引き換えにゲリラ戦闘員が恩赦を得ること、難民化した人びとへの帰還援助、（遅々として進展を見ないままだが）内戦中に人的被害を受けた人びとに対する補償などが含まれている。だが、「紛争の一環としておこなわれた政治犯罪とそれに付随する一般犯罪への刑法上の責任を全面的に消滅させる」という条項もある。この法律からは、ジェノサイドや拷問などは恩赦の対象から排除されている。したがって、これらの犯罪の最高責任者は追及を免れない（狐崎 二〇〇七）。それ以前に、グアテマラが批准している条約――たとえば、一九四九年のジュネーヴ条約など――によってすでに整備された国内法でも、それら人道上の犯罪は三〇年から五〇年の服役刑になる。

法制度が整備されると、個人の経験はその制度を具現化する役目を負わされるため、グアテマラを遠くから観察しているわれわれには、個人の経験を捉えることはますます困難になる。記憶を回復することが、誰にとっても重要な案件であるかのように見え、補償を要求することが、被害者による政治的意識の覚醒と同じであるようにさえ見えてくる。

だが、チマルテナンゴ県のある村では「ドミンガの旅」が伝えようとしている話が、いまだ充分に語り伝えることすらできないものとして残っている。あるカトリック要理師（カテキスト）の男の経験は、それを聞く者に経験と法との節合の困難さという問題を突きつける。

一九八〇年代初頭の内戦が激しかったころ、軍の兵士と一緒に近隣の集落を巡回することが自警団員の義務とされた。武器の代わりに山刀、それに兵士たちの食料や弾薬、ガソリン缶などを担いで行軍するのである。これに狩り出されると、男たちの妻や両親は悲しんだという。そこで何が起きるか、見当がついていたからだ。

山の中に点在する孤立した家に遭遇すると、軍の兵士は自警団員に誰も逃がさないように、家を取り囲むよう命令した。その家がゲリラの隠れ家だというのが理由だった。彼には、そこの住人がゲリラのシンパとはとても思えなかったらしい。家に突入した兵士たちは、まず主人を縛り、その目前で父親と母親を撃ち殺した。主人の息子と小さな子供二名も惨殺。さらに、妻を夫の前で暴行した。隊長は、この家を焼き払うため、すぐに火を放った。

トウモロコシの幹を束ねただけの戸の裏側に隠れていた一〇歳くらいの娘は無事だったらしい。家の裏側が深い谷になっていたので、どうやら娘はそこに飛び込んだようだ。後日、娘が近隣の村に逃げたという話を聞いて、何もできなかった自分を恥ずかしく思い、良心の呵責に耐えかねていた男の気持ちは、少しだけ軽くなったという。隊長は、「ここで起きたことは、誰も見なかったことにしろ、もし口をすべらせれば、おまえたちが死ぬことになるぞ」といった。

この事件が起きてから、すでに二五年近い時間が経過している。敬虔なカトリック教徒だった彼は、自分の犯した罪をどうしていいのか分からず、沈黙を通すことの罪深さを知った。彼は、カトリック教会を通して、証言を収集するプロジェクト――『グアテマラ　虐殺の記憶』（歴史的記憶回復プロジェクト　二〇〇〇）にまとめられた――に参加することになる。だが、このプロジェクトに参加後も、気持ちが軽くなるわけではなかった。経験を語ること、抑圧されてきた記憶の回復。グアテマラを取り巻く人権言説に流通することばは、彼には空疎に聞こえたらしい。

いまでは、自警団は加害者としての社会的評価を受けている。そうしたなか、彼の経験は行き場のないまま、いまだに彼のなかに沈殿したままである。

4　おわりに――ある酔いどれ男の話

『ドミンガの旅』は、イシの物語が伝えたように、一九世紀後半北米先住民たちが直面したジェノサイドが二〇世紀後半にも繰り返されていることを示す。人権言説は、その惨事をわれわれの想像する先住民像にそって語り直す。また、イシの物語と同じように、『ドミンガの旅』はアメリカ合州国のジェノサイドへの関与を暴露し、贖罪を物語る。イシの物語との類似性が浮かび上がる。ドミンガの物語は人権言説に反省を迫るのだろうか。裁判での証言がアメリカ合州国でマヤとして生きることとどのように結びついているのだろうか。

疑問は、次々にわき上がる。わたしは、それらの疑問に解答を準備しているわけではない。ただ、最後にグアテマラの内戦に関わることを自ら否定した男の話で、本章を締めくくりたい。それは、国家の強制から脱落し、したがって内戦終了後の法による補償も求めず生きる男、ホアンの話である。

ホアンは、村の誰もが知る泥酔常習犯だ。ショットグラス一杯の密造酒を一気に飲み干し、次を欲しがる。「疲れた身体には、これが一番だ（Ri siwan ya' nresaj ri nukosik）」という。飲み出したら、二週間は飲み続けなければ気がすまない。飲まないときは、働き者で、暗いうちから畑を耕す。わたしにも自分のトウモロコシ畑の成長を自慢する。

彼は、内戦前は村では有能なミュージシャンだったが、けっして大酒飲みではなかった、と村人は誰もが口をそろえていう。大酒飲みは、若いうちからそうだが、彼の場合は違うという。「早起き男たち《マドゥルガドーレス》」というのが、この伝統音楽を演奏するグループ名だった。近隣の村で宴会があれば、必ず音楽を提供していた。独学で学んだマリンバとヴァイオリンの腕は、相当なものだったらしい。

内戦が始まると、これまでのように音楽演奏のために移動することもできなくなった。自警団の召集も始まった。そこで目撃したことは、誰も語らない。だが、誰もが知っていた事実だ。彼は、軍駐屯地の隊長が、酔っ払いには自警団への参加を要請しなかったことに気がついた。彼は音楽の代わりに、好きでもない密造酒を飲むようになった。酒に慣れないせいか、しばしば道で倒れ込み、そのまま泥酔した。

ある日、楽団「早起き男たち」は、軍の駐屯地で演奏をするように求められた。だが、そこへ行けば、もう帰ってくることはできないのではないかと察し、ホアンはすぐに酒を飲みだし、演奏を依頼された日、彼は道端で寝込んでいた。他のメンバーは命令を承諾しないわけにはゆかず、駐屯地で演奏をする。明け方には、軍人たちもそうとう酔いが回り、頃合いを見計らい、楽団員たちは逃走するように村に帰った。けれども、楽団のリーダーは、あまりの恐怖からくる緊張(xib'inri'il)のため、帰宅した後、病に倒れ、数週間後に死亡した。その後、村の音楽団は絶えてしまった。

ホアンは、いまではあれだけ大好きだった音楽を演奏しない。けれども、マリンバ演奏が聴ける場所に居合わせると、思い出したかのように、マリンバの前で写真撮影をしてくれ、とわたしに何度も依頼した。彼は内戦がなければ可能であったかもしれない自分の姿がここにある、といわんばかりだ。彼の友人のひとりは「エホバの証人」で、けっして酒を飲まないが、ヴァイオリンの名手である。ホアンも、よく彼のもとを訪れる。この友人は、内戦中に病死したあの楽団リーダーの甥である。

さて、ホアンは内戦に加担することを拒否するために、酒の道を選んだ。村の楽団は途絶えたと述べたが、最近、近隣の集落から「マヤ・ロック」を自称する若者たちが活動を始めた。ギター、ベース、ドラムスの他に、マリンバが加わって編成された ajb'atz'（アフバッツ、マヤ暦の「吠えザルの日」に生まれた人という意味）が、それである。カクチケル語で唄うことだけではなく、その楽曲はマリンバの旋律を模倣していた。リーダーのベニグノ・シモンは、「いまの一〇代の若者は、じいさんやばあさんたちが好きなマリンバやヴァイオリンの音楽を好まない。ぼくは、若者も受け入れてくれるように、マリンバ音楽をギターに取り入れている。ぼくの父も内戦中に軍に連行され、戻ってこない。ぼくの歌は、自伝だよ」と説明してくれた。途絶えたかに見えた音楽は、マヤ・ロックとして生まれ変わってきている。グアテマラ社会全体が、過去を忘却することによって未来に向かえると考えているとき、その方向を逆なでる「ロックの精神」を継承しながら。

第二章　通過中の民族誌
――社会過程としての「民族誌を書くこと《エスノグラフィック・ライティング》」

1　はじめに――一九二二年の生と死

一九二二年。それは「近代《モダニティ》」という名の断層を書き込まずにいられない年である。この年を文学におけるモダニズム研究者たちは、J・ジョイスの『ユリシーズ』やT・S・エリオットの『荒地』が公になった年として注目してきた（Manganaro 2002）。また、人類学者にとっても重要な年に違いない。この年はW・H・R・リヴァースの死と、近代人類学を語り出すためには不可欠なふたつの記念碑的民族誌――マリノフスキーの『西太平洋の遠洋航海者』とラドクリフ＝ブラウンの『アンダマン諸島民』――の公刊をすぐに想起させる。

文学と人類学との――偶然というにはあまりにも奇妙な――符合は、民族誌をテクストとして読むという、ここ二〇年活発になった実践を予知しているかのような錯覚を与えさえする。これまで民族誌を書くとは、参与観察をとおして得られた資料をもとに対象社会の全体、またはその一部をテクスト化するという作業である、と考えられてきた。歴史学の文献調査とは異なり、口頭世界をテクスト化するという特徴を持つ。文学理論を用いた民族誌の分析、ならびにそれにもとづいた実験的民族誌の作成――ときには「ポストモダン人類学」とよばれた――は、単にその分析対象を文学作品から民族誌へと移行しただけであったり、対話を実証的に記録することに終始し、実験的性格はあまりなかったのが実情である。

そうしたなかで、J・クリフォードの一連の著作は、右に述べた文学（とくに、文学理論）と人類学とを横断する典型として論じられてきた。すなわち、人類学における――クーパー(Kuper 1994, 1999)のことばを借りれば――「文学的転回」を告げた書物ということになる。なかでも、『文化の窮状』の第一章や『文化を書く』に収録されている論文「民族誌的アレゴリーについて」は、その傾向をもっとも如実に表しているという。たとえば、『文化の窮状』第一章は「民族誌的権威について」であるが、民族誌的記述がより民主的に改革されていく物語としてしばしば解釈されてきた。民族誌の作者としての権威のよりどころを「わたしはその場所にいた」という経験に求める一方的な立場から、民族誌が持つインフォーマントとの共同作業の側面を強調する多声的立場への移行というように。

だが、クリフォード自身、このような解釈を否定している。わたしが「検討する民族誌的記述のさまざまな試みは、はっきりした改革的な方向ないし進展を形作るものではない」という（クリフォード　二〇〇三：三七。以下、本章に限り、本書への言及は『窮状』とし、頁数を記す）。クリフォードがこう反論してもなお、いまだに彼は「文学的転回」の先鞭をつけた論者として位置づけられているのはなぜか、はなはだ興味深い。だが、その問いを追ってもあまり生産的ではないだろう。

　本章では、クリフォードのこの反論を根拠づける作業として、彼の著作を「文学的転回」ということばで語ることが誤解を招くことになるくらいより根源的な疑問を文学と人類学の両方に対して投げかけていることを指摘したい。その疑問は、脱植民地化が西洋に対して与えた影響への反応――最近では、それらの反応はまとめて「ポストコロニアル理論」とよばれている（R. Young 2001）――から生まれており、その疑問への彼の解答も、同様の影響を無視しては理解できないであろう。具体的には、脱植民地化の影響によってさらに複雑化する世界において、「民族誌を書く」とは何を意味するのか、という疑問とその疑問へのクリフォードの解答を検討してみたい。

　現在、文学作品のテクスト内在的理解の持つ限界が指摘され、近代の諸変化――自然共同体の崩壊と（移民に代表される）転置の経験、国民国家の形成や植民地主義の展開――に対する複雑な反応として作品を解釈しようという試みがなされている（第一章参照）。その事実を考えると、文学と人類学との接点は、これまでとは異なった場所で再確認されることになるだろう。すなわち、脱植民地化が不均等に継続する時間において、被植民者側が植民地主義的絡み合いを解きほぐし、それを自らの歴史の一部として取り込み直す作業――歴史の語り直し――が現実化してきている。クリフォードが示すように、文学と人類学との再会の時間と場所があるとすれば、そこに違いない。

　そんな場所とは、具体的にはどこにあるのだろうか。

2　ポトラッチの過去と未来

一八八四年、カナダの議会は北西海岸地帯先住民たちの間でおこなわれてきたポトラッチ——ホストがゲストとなる集団に帰属する個人に対して物品を配分する儀礼——を禁止する法案を可決した。それを違法とする理由はいくつかあった。そのひとつは、ブリティッシュ・コロンビアの総監《エイジェント・ジェネラル》スプロートの見解によく表れている。彼にとって、族長《チーフ》の威信を高めるポトラッチは先住民たちの自立した政治機構の一表現に見えたため、彼はポトラッチがカナダ政府の展開してきた「文明化政策」に敵対すると判断し、ポトラッチの禁止を主張したのである（Bracken 1997）。

一九二二年。文学や人類学にとって記念すべきこの年は、北西海岸のクワキュトル（現在は「クワクワカワク」と自称する人々だが、その名称も確定していない）の人びとにとっては、また違った意味で記憶に留めておいてしかるべき年となった。その年のできごとについて、クリフォードは『ルーツ』のなかで次のように報告している（二〇〇二：一四八—一五〇。以下、本書への言及は『ルーツ』とし、頁数を記す）。

一九二一年末、アラート・ベイ出身のダン・クランマーが、すでに違法となっていたポトラッチを、六日間にわたり妻方の親族が住むヴィレッジ島で開催した。クランマーは多数の招待客たちに、さまざまな物品を分配した。真冬であること、遠隔地であることから、先住民管理局の監視の目が届かないだろうという判断のもと、クランマーはこの一大ポトラッチを主催したのである。しかし、違法に開催されたポトラッチは、当時の先住民局官吏ハリデェイの知るところとなる。ハリデェイは文明化の使命を確信しており、これを機会に「野蛮で、過剰なポトラッチ」を一掃する目的でカナダ騎兵警察隊を導入し、主催者だけでなく参加者全員を逮捕し、裁判にかけ、収監してしまう。

大ポトラッチが開催された翌年、一九二二年にひとつの取引がおこなわれた。もし、有罪になった者とその家族たちが今後ポトラッチをおこなわないことを誓い、宝器《レガリア》(銅製品、仮面、ガラガラ、笛、頭飾り、毛布、箱など)をすべて引きわたせば、投獄は免れるというのである。抵抗した者もいたが、大半の人びとは貴重品を二束三文の値で手放してしまった。それらの品々約四五〇点はオタワやハル、さらにはニューヨーク市にあるアメリカン・インディアン・ミュージアムに収蔵された。住民らにとってこれらの物的損失は大きな打撃だったし、刑罰を受けたことへの精神的苦痛も大きかった。大規模な交換は、これを最後に終息した。

しかし、一九五〇年代から六〇年代にかけて、ポトラッチは再度合法化され、文化復興運動が起こると、記憶にしっかりと留められていた宝器の返還を求める運動も起きた。宝器は強制力をともなって収集されたことは明白だったため、まず、ハルの人類学博物館が耐火設備のあるミュージアムに収納することを条件に、それらの宝器を返還すると約束した。

一九二二年以来、人びとはアラート・ベイとケイプ・マッジに分かれて生活していたので、この両方の土地に民間と政府の援助のもと、別々にふたつのミュージアムが新たに建設され、そこに宝器は収められることになった。そのミュージアムのひとつ、ウミスタ文化センターはアラート・ベイにあるが、その「ウミスタ」とはクワクワラ（クワキュトル）語で、戦いで囚われていた者たちがなんとか無事に帰還したときに感じる幸運、あるいは幸福な心情のことであるという。

このウミスタ文化センターの入口では部族の起源を語る物語が訪問者たちを迎える。その物語の多くは、ボアズと彼にもっとも信頼されていたインフォーマントであるジョージ・ハントが書き留めたか、あるいはふたりが収集したテクストから引用されていた。「『救済人類学』の断片的収集物は再利用され、クワクワカワク（クワキュトル）たちのアイデンティティや権威をあらためてはっきりと表明することの一部になっている」とクリフォード（『ルーツ』一五七、引用者改訳）はいう。

一九二二年。一方において、人類学者たちが死滅していく「未開文化」を書き留める目的をもって民族誌を公刊し近代人類学の誕生を唱えていたとき、他方において強引に消滅に追いやられた文化もあったことになる。しかし、それらの文化はけっして死滅したわけではなかった。収奪された宝器は、返還され始めている。カナダだけではなく、アメリカ合州国でも一九九〇年には「先住民墓地保全と返還法（NAGPRA）」が成立し、いたるところで返還運動が積極的におこなわれるようになった。先住民たちが、国連のような国際舞台で地球規模の連帯を形成し、これまで先住民たちの要求に無頓着であった国家に「外圧」をかけ、自らの権利を回復するために国内法の整備を促す、という現象も起きている。

しかし、宝器が無事に返還されたといっても、問題はそこで解決するわけではなく、そこから始まるといえる。カナダ北西海岸の例では、クリフォードはふたつの「部族ミュージアム」が存在しなければならない理由に着目し、「誰に対して宝器を返還するか」という疑問は、ローカル共同体内部での歴史とその歴史の解釈によって複雑になるという。部族に返還されるべきものか。首長とその子孫に返還されるべきものか。取引に際して宝器の所有者だった個人に返還されるべきか。具体的になればなるほど、問題は複雑になる。たとえば、主催者へ返還することを決めたとしても、主催者とはポトラッチの表立った組織者だったダン・クランマーなのか、それとも、ポトラッチを開催するため彼を裏から支えたといわれる妻エマ・クランマーとその親族たちなのか。これらの問題は、簡単に決着をみない。

ここで誤解がないように付言すれば、緊張関係や対抗関係を誇張し、複雑な分断線を描き出すこと自体がクリフォードの目的ではない。「南クワキュトル」といわれた地域に住む人びとの間には、歴史や文化、親族関係による結びつき、抑圧の経験を共有していることなどをとおして生まれる共通感覚がある。クリフォードは対立や緊張関係よりも、むしろこの共通感覚を強調している。では、彼がこうした村落内外での緊張や対抗関係に着目する理由は何かといえば、それは宝器の「安住する場所」がいまだに定まってはおらず、一見確定したかに見える場所ですら、その宝器にとって「通過的《トランジットリー》」なものにすぎないことに注意を促すためである。わたしは、部族文化の「未来になりつつある現在」が持つ不確定さ、あるいはその「通過性《トランジットリネス》」が、『ルーツ』だけではなく『文化の窮状』に流れる基底音のひとつであると考えている。

広義の脱植民地化はそれまで植民地体制によって保証されてきた一方的な力の流通回路を強引

に切断した。すでに述べたように、ポトラッチの合法化や宝器の返還運動が一九五〇年から六〇年にかけて初めて起きたことと世界規模での脱植民地化の動きとが同時発生したのは偶然ではないだろう。脱植民地化には、旧植民地が独立を獲得するという政治的意味だけではなく、自己のアイデンティティを否定されてきた存在が、自己を肯定し直すという社会的意味もあった。社会を変革する主体、つまり歴史をつくりだす主体としてのアイデンティティを確立するために文化は不可欠であり、それはしばしば（ポトラッチの宝器のような）器物、宗教や言語など、（内国・新）植民地状況下では抑圧の対象となってきたものによって表現された。とすれば、奪われてきた文化を奪還すること――たとえば、器物に関していえば、それを返還させること――をもって脱植民地化の目的は達成されたことになる。

ところが、脱植民地化はその時点で終焉したわけではなく、今度は植民者と被植民者との両方を巻き込み、植民地主義の歴史そのものの再考を促す。脱植民地化の継続する影響は、クリフォードが報告する北西海岸地帯のミュージアムの展示以外に、身近な場所でも存在する。たとえば、最近の東アジアにおける戦争の記憶をめぐる言説にも、その影響をはっきりと見ることができる。冷戦構造の崩壊は、抑圧され、封印されてきた脱植民地化の問題を、第二次世界大戦後独立をはたした国家の問題であると同時に、旧宗主国として日本が引き受けざるを得ない問題として可視化させた。東アジア全体の「和解」という未来に向けた歴史をともに想像するという重い課題を、わたしたちに突きつけてきたのである（太田　二〇〇三b）。

器物の返還が終了すれば、暴力の行使として記憶されている歴史にその価値がなくなるわけではない。そう考えるのは、歴史の勝者を自認してきた、いわば加害者だけであろう。暴力の歴史における加害者たちは、自らを歴史の勝者と思い込み、その過去を忘却することが許されると考えているのかもしれない。だが、そうすることは（忘却を促進するといわれる）時間の経過と反対に、だんだん難しくなってきている。少なくとも、一九二二年の事件をめぐるローカルな記憶を訪問者に対して強烈に印象づけるウミスタ文化センターの展示は、事件の直接の当事者ではないクリフォード（『ルーツ』一六二）にさえも、ある種の居心地の悪さを経験させるほどであった。単純に宝器を称賛したり、理解するということができなくなり、彼は展示に驚き、そして「まごつき、悲しみ、触発され、そして怒った」という。展示は、「白人の訪問者たち」に自らが「見られているような感覚」を与えるのだ（『ルーツ』一六一）。このミュージアムは歴史に帰属する器物を客体として展示しているのではなく、時間がつくりだした忘却の穴から（未来をつくりだすためには不可欠な）歴史を再び切開する力を秘めた物として展示している。

こういう状況だからこそ、宝器の「安住の場所」がどこか、いまだに結論が出せないでいる。植民地主義の歴史を過去に遡って消去できないのと同様に、その歴史によって現在と未来とが完全に規定されるわけでもない。「未来が開けているとき、過去の意味も開けているのだ」（『窮状』四四〇）。宝器の返還によって可能になった展示は、ローカルな記憶が過去だけではなく、不確定な未来をも同時に指向していることを、いまだ誰ひとりとして「歴史の終着点」に立つ者はいないことを、われわれに教えてくれるのではなかろうか（『窮状』四四〇）。

これまで検討してきたテーマは、『ルーツ』のなかで論じられた「ポトラッチの宝器」の往還の歴史である。『文化の窮状』においても、クリフォードはズニの「戦いの神の像」がニューヨークの近代美術館では展示されなかったことにふれ、それがズニに返還されることにより簒奪の歴史が終焉するのではなく、「戦いの神の像」がこれから「『帰属する』かもしれない別の歴史、別の未来」を想像する必要があることを説いていた。

クリフォードはこうした視点を持続してきたばかりか、分断されたジャンルを横断するように議論を展開することも、すでによく知られている。たとえば、『文化の窮状』ではクリフォードは、一方においてミュージアムは器物の収集であり、他方において民族誌は文化の収集であると主張し、この両者に差異よりもむしろ共通点を見出している。それは、美術史研究と人類学とが共有する「部族」世界は保存や救済を必要としている、という暗黙の前提である。両者を同一地平において語り直すことによって、クリフォードは美術史と人類学とが（しばしば敵対しながらも）境界を尊重し「住み分け」てきた歴史を、住み分けるための境界が曖昧なより複雑な歴史にしたのである。

もしここでクリフォードの思索に寄り添うならば、『ルーツ』から『文化の窮状』へと遡る継続性を重視した読解だけではなく、「部族ミュージアム」の展示についての議論を、脱植民地化をひとつの時間的文脈としたときに出現する民族誌の限界と可能性についての議論へと導き、いわばジャンルを横断する方向へと展開できるのではなかろうか。

たとえば、そういう議論の方向とは、次のような疑問について考察することになる。「民族誌を書くこと」とは、何を意味するのだろうか。書くとは経験や観察を文字化することだけを意味するのだろうか。民族誌の書き手と読者との関係は、どのように想定され直されているのだろうか。

器物の持つ意味だけではなくそれが誰に帰属するかが簡単には確定できないのなら、「誰が民族誌を書くのか」という疑問に対する答えも、簡単に確定できない。この疑問を再考する材料は、『文化の窮状』以外にもクリフォードのさまざまな著作に散見されるが、そのなかでも『文化を書く』に収録されている「民族誌的アレゴリーについて」(Clifford 1986)という論文は無視できないだろう。

これまで『文化を書く』は「ライティング・カルチャー・ショック」というコピーで、民族誌の「客観主義を否定」し、それを「創作的な作品」として位置づけた結果、「リアリズムと実在論〔の〕……放逐」という結果を生んだといわれてきた(松田　一九九九：杉島　一九九五)。クリフォードの提唱する「民族誌的アレゴリーについて」も、そのような「反リアリズム」的主張として解釈されてきた。人類学者はクリフォードの介入を文学という領域に閉じ込めようとしてきたのである。(1)

第3節では、「民族誌を書くこと」の意味を、『ルーツ』での宝器や『文化の窮状』でのズニの「戦いの神の像」の展示をめぐるクリフォードの議論を踏まえたうえで、再考してみたい。「誰が民族誌を書くのか」という問いが「誰が民族誌の著者なのか」という問いに還元された瞬間に、その問いは民族誌家かあるいはインフォーマントかという二者択一の解答しか生み出さず、「部族芸術」や「部族ミュージアムでの展示」をめぐる議論でクリフォードが開示しようとしていた宝器や器物の通過性――すなわち、それらが置かれたいまなお曖昧で、不確定な未来へと開かれた経路を語ることば――にもとづいた解答を不可能にしてしまう。言い換えれば、民族誌を書くことを社会的過程として捉え直すことができなくなってしまうのである。

3　脱植民地化と「民族誌《エスノグラフィック》を書く《ライティング》こと」

クリフォードは「民族誌的アレゴリーについて」において、最終的には「『民族誌を書くこと』が――書き込み《インスクリプション》、あるいはテクスト化とみなされるやいなや――救済という西洋的アレゴリーを演じてしまうということを論じたい」と、その冒頭で主張している。では、「民族誌を書くこと」を「書き込み、あるいはテクスト化」と同一視しないとは、いったい何を意味するのだろうか。

民族誌を書くこととは、C・ギアツ（Geertz 1973）も主張するように、一般的に口頭性が支配するフィールドでの移り行く経験、語りとして残された発話、さらには過ぎ去った観察などを文字化することだといわれている。テクスト化は過去を文字のなかに書き留める（Clifford 1980 : 116）。人類学においてはけっして疑われないこの立場も、実は中立でも「無垢」でもない立場である（Clifford 1986 : 115）。西洋哲学――ソクラテスからルソー、さらにそれらの立場を批判するデリダまで――においてしばしば指摘されてきたことであるが、口頭世界から文字世界への移行は「力、腐敗、そして喪失」の物語をアレゴリーとして導きだす。クリフォード（Clifford 1986 :

118）は、民族誌家の眼前で、消え行き、何かが失われ、いま過去になりつつある文化を文字化すること――すなわち民族誌のなかに救済すること――が、民族誌を書くことを書き込みと同一視したときには不可避につきまとうという。

こうして民族誌を書くことを書き込みやテクスト化と同一視することにより、民族誌の対象は「過去になりつつある現在（present-becoming-past）」のなかに封じ込められるのなら、それに逆らって民族誌を書くことについて考えるには、どうすればよいのだろうか。クリフォードは民族誌を書くことを書き込みと同一視せず、それをより「一般化《ジェネラライズ》」することを提言する。それでは、一般化とは何を意味するのだろうか。

そのことばの意味を理解するためのヒントとして、クリフォード（Clifford 1986：116）は次のような人類学者にもきわめて馴染み深いたとえ話を提供している。ある民族史家《エスノヒストリアン》がガボンで調査をおこなっていた。この調査地では、一九世紀からヨーロッパ人の貿易商や植民者たちと現地の人びとの間には頻繁な接触があった。この地に居住するある部族の宗教が一九世紀以来どう変化してきたかを調べるため、その調査者はガボン人でキリスト教徒であると同時に民族誌家でもあった人物が二〇世紀初頭に残した記録を参照し、まず当時の宗教語彙集を作成した。この語彙集に記録された語彙と族長《チーフ》とのインタヴューから明らかになるだろう現在におけるそれらのことばの意味とを比較し、宗教語彙の変化を探ろうというのである。族長とのインタヴューは円滑に進行した。そしてインタヴューも終わりに近づき、最後のいくつかの宗教用語の意味を問いただそうとすると、族長は「ちょっと待ってくれ」といい、席をはずした。もどってきた族長の手には、その調査者がリストを作成したときに参照した記録と同一の書物があったという。インタヴューの残り時間、族長はその本に何度も目をやりながら、調査者の質問に答えたのである。

識字の普及により、口頭世界で生活していた人びとの記憶力が衰えたとか、族長はあまりにも調査に慣れているからインフォーマントとしては不適切であり、したがってインタヴューそれ自体が「真正さ」を欠いている、などというレッスンをこのたとえ話——類似した話は他にもありそうだ、とクリフォード（Clifford 1986：116）自身もいう——から導きだす必要はない。それよりも、このたとえ話のおかげで、文化についての情報が口頭世界から文字世界へと移行するという図式が複雑になったことに着目すべきである。すなわち、「民族誌を書くこと」の意味を考えるとき、無文字社会と文字社会との区別を前提とすることが、数多くのフィールド状況において、だんだんと難しくなってきているのだ。

クリフォード（Clifford 1986：116）は「データはテクストからテクストへと移動し、書き込み《インスクリプション》は転写《トランスクリプション》になっている。インフォーマントと調査者の両方が、文化創造の読者（readers）であると同時に再度文化を書く人（re-*writers*）なのである」（強調原文）という。民族誌を書くことは、民族誌的資料が流動化し、読解が複数化した結果、民族誌家が自らの観察や経験を書き込むという一方的な行為ではなくなる。それは過去の民族誌的資料をいま起きつつある文化復興に不可欠な資源として利用する活動からも分かるように、インフォーマントも民族誌家と同じ機能をはたす社会的過程として一般化されるのである。

民族誌は通過性のなかにある。民族誌を書くことは社会的過程である。このように継続性——

未完の歴史的過程――として民族誌を「一般化」し、それを捉え直せば、もはや民族誌と書き込みとを同一視できず、民族誌を書くことには、インフォーマントが複雑な植物分類について語ること、人びとが神話や歌謡を謳うこと、宗教職能者たちが儀礼への注釈をつけることなども含まれることになる。さらには、『ルーツ』のなかでワギの人びとが「パラダイス」展の学芸（企画）員《キューレター》であるオハンロンと交渉する際の一連の要求も、民族誌を書くという行為に含まれるだろう（『ルーツ』二〇〇〇）。

いま述べた民族誌の捉え直しは、現地の人びとを民族誌の著者に「格上げ」することとは異なる。その違いについて説明する前に、「〔民族誌の〕受容の政治学（politics of audience reception）」(Brettell 1993 : 3) からの介入と、ここでいう民族誌の通過性についての議論との違いについて述べておきたい。

「受容の政治学」とは、民族誌がインフォーマントや広く対象社会の人びとに読まれるとき何が起こるのだろうか、という読解の複数化に関するひとつの問題提起である。とくに近年は「ネイティヴ」からの民族誌への反論というかたちで、この問題提起は具体化した。それに対して、人類学者はいくつかの形式化した対応をおこなってきた経緯がある。たとえば、ネイティヴからの反論を科学的根拠に欠けるといってそれを否定したり、ネイティヴは現実の異なった解釈を提供しているにすぎないと判断しその解釈を相対化したり、また反論するネイティヴをこれからは同僚として扱うべきだと勧めたり、というように（Rosaldo 1986, cited in Brettell 1993 : 20-21；桑山　二〇〇一：一四二；北米人グアテマラ研究者からの具体的な対応とその対応への批判として第四章参照)。

たしかに、「受容の政治学」からの問題提起は脱植民地化から生まれ、人類学的実践への反省を促す重要な契機を提供した。この問題提起によって人類学者たちが脱植民地化の影響下で「民族誌を書くこと」の意味を問い直し始めた事実は否定できない。その反省は、クリフォード(『窮状』三八)のことばを借りれば「民族誌的権威の〔……〕分散」を意識せざるを得ない状況を生み、いまではそれについて議論することは珍しくなくなった気さえする(たとえば、太田一九九八:二〇〇三b:二四四)。

しかし、その反省の多くは「民族誌的権威の分散」という現象を、しばしばインフォーマントや現地の「知識人」と民族誌家とのラポールをめぐる複雑な交渉――いわゆる「フィールドでの倫理問題」――へと読み替えてしまっている(Brettell 1991)。そして、脱植民地化にもっとも敏感に対応してきたクリフォードは、「欧米以外の人類学を意識しなかった」(杉島 二〇〇一:一五)という理由で非難されている。

クリフォードは欧米以外の人類学を等閑視したかもしれない。だが、クリフォード(『窮状』一七、二二)は、「受容の政治学」やその後の非欧米人類学者たちの意識覚醒――脱植民地化が西洋に対して突きつけた挑戦――についてはきわめて意識的であり、その結果が本章で取り上げてきた一連の著作を動機づけている。

「受容の政治学」へのクリフォードの応答は、覇権的位置にある(欧米の)人類学内部において、その実践を根源的に再考する試みであったといえる。「受容の政治学」は「読解の複数性」

に着目したものの、ネイティヴと人類学者たちとの対立を強調したため、両者を巻き込み、さらに一歩踏み込んだ人類学的実践を根底から問い直そうという努力を導き出さなかった。すなわち「民族誌を書くこと」とは、ある著者――実際にペンを取るのは、民族誌家かもしれないし、あるいはインフォーマントかもしれない――が経験や観察をテクスト化した時点で終了するという（人類学の構造的）前提への再考にまで、議論は深まらなかったのである（太田　一九九八）。

クリフォードは、その前提を疑い、次のように主張する。民族誌を書くことは、一個人の孤独な書き込み作業を連想しがちであるが、もしそれを転写として考え直せば、民族誌は記録が書き込まれたり、また後日出版された時点で終了せず、それ以後もフィールドとホーム――たぶん、それ以外の予期しなかった場所も――とを巻き込んだ「社会的行為」として継続する（『窮状』四九四）と。つまり、「民族誌を書くこと」の意味を「書き込み」というよりも、すでに書記されているものを「書き移す」という意味で転写として捉え直せば、民族誌の作者と読者を、それが転写であるからこそ――民族誌は人類学者たちだけのものではなく――民族誌家／インフォーマントという対立を超えて想定することが可能になる。『文化の窮状』の第一章「民族誌的権威について」のなかでその権威をめぐる議論を、「誰が民族誌の著者なのか」という（テクストとしての民族誌を連想させる）疑問へと完全に還元すべきでないのは、このためである。

『ルーツ』において論じられていた「部族ミュージアム」におけるポトラッチの宝器や『文化の窮状』において言及されていたズニの「戦いの神の像」は、その「安住の場所」がいまだに確定していない。「ミュージアムのなかのものは、まだどこか他の場所に行くことができる（going somewhere)」のである（『ルーツ』二四二）。この事実は、返還運動が誤った運動であったことを示すのではなく、未解決な歴史のなかにそれらが存在し続けており、その解決が待たれることを意味する。返還運動が生んだふたつの「部族ミュージアム」が存在するのは、その歴史の複雑さを無言で証明している。

クリフォードは『ルーツ』や『文化の窮状』、そして「民族誌的アレゴリーについて」においても、民族誌がその著者のまったく予期していなかった時と場所で、その著者が想定していなかった読者たち——もちろん、民族誌は（他の人類学者という）特定の読者を想定して書かれている（Maanen 1988 : 25）——の努力により、突然救出され甦っていることを数多く報告している。

本章第2節で述べたが、ボアズとジョージ・ハントが残した（民族誌的）資料からの引用が、ウミスタ文化センターの入口で訪問者を迎えている。言語学者オズウォルドが残したカシャヤの神話、歌、会話の数々を含んだテクストは、いま誕生しようとしている「カシャヤ文学」の源泉となりつつある（『ルーツ』三五三）。フランス人福音派宣教師レーナルトの勧めに従い、メラネシア人牧師《ナタス》たちが現地語で書き留めた資料は、ニューカレドニアでの文化復興運動には不可欠な存在だ（Clifford 1980 ; 最近のニューカレドニアでのアイデンティティ回復要求については、江戸 二〇〇二参照）。J・ウォーカーと多数の（スー族の一部をなす）オグララの協力者たちにより収集された全四巻におよぶ膨大なテクストは、パイン・リッジ保留地でのスー・インディアンにたいする歴史教育に使用したいという要請に、コロラド歴史協会が積極的に応じた結果生まれている（とくに、この最後の事例は、『文化を書く』の序論において詳細に述べられ、さらに『文化の窮状』第一章、第一〇章の注でも言及されている。また、クリフォードはわたしとのインタヴューにおいても、これらの注について注意を喚起していた)。

死滅する文化を救済する目的で書かれた民族誌が、何十年後に予期せぬ仕方で、民族誌家ではない人びとの手で再度救出される。この不思議な巡り合わせについて考えるため、コンラッド(一九五八)の小説『闇の奥』のなかで、語り手マーロウがジャングルのなかの朽ち果てた家で発見する『船舶操舵術研究』なる六〇年以上も前の本について、クリフォード(『窮状』一四一)が述べていることにふれておきたい。クリフォードは、マーロウが発見した本の余白にある(ロシア語らしい)「暗号」のような書き込みについて言及し、英国人著者が英語で書いた本をそれ以外の言語をもつ船員たちが詳しく研究していた痕跡に着目している。著者の意図は忘却され、本は長い旅を経てボロボロになり「コンテクストのないままに座礁」するが、予期せぬ読者たちにより本のほころびは修繕され、文字どおり救出されるのである。クリフォード(『窮状』一四一)はいう、「書くという行為(act of writing)は、読むという想像された行為のなかに救出されることを目指している」と。

本をめぐるこの不思議な旅に気づけば、「受容の政治学」からの介入で複雑になった「民族誌」の置かれた状況を解きほぐすためのひとつの鍵を見出すことができる。著者は対象文化から与えられたことばを民族誌のなかに一時的に保管しているにすぎない。そのことばはいつかまた他の人びとにより、別の時間、別の場所で受け取られる。民族誌は民族誌家と対象社会の人びとの間に敵対関係を生む原因ではなく、むしろ対象文化の過去と未来を結びつけるためには不可欠な架け橋になる。

この旅が表す時間の流れのなかでは、民族誌は著者が想定していなかった読者により新たな意味をもったテクストとして救出され、その結果は文化復興運動や他のさまざまなコンテクストへ結びつく可能性を秘めている。その流れを「継続する文化制作《ポイエーシス》」とクリフォード（Clifford 1986：16）はよんでいる。「民族誌を書くこと」とは、この「文化制作」として再想像されるのである。

4　おわりに

ダン・クランマーがポトラッチで分配した宝器は、オタワやハル、あるいはニューヨークにあるミュージアムから現地へと帰還した。しかし、クリフォードはその場所でさえも、いまだそれらの宝器の終着点ではなく、「通過点」にすぎないことを示した。ボアズが収集した資料も、アメリカ哲学協会のキャビネットのなかだけではなく、ウミスタ文化センターの入口にも現れている。そして、民族誌的資料にとってはその場所もひとつの「通過点」にすぎないのかもしれない。『ルーツ』から『文化の窮状』、さらには『文化を書く』の一章「民族誌的アレゴリーについて」へ、というように原典が出版された時間の流れに逆らって読解を進めると、これまで論じられてきた「クリフォード像」とは大きく異なったイメージが浮かび上がる。(2)

一九八〇年代末から九〇年代中盤にかけて、いわゆる「ポストモダン人類学」ということばが何を意味するか明確ではなかった時代もあった。しばしば、「再帰的人類学（reflexive anthropology）」、「テクスト至上主義（textualism）」、また「実験的民族誌（experimental anthropology）」「ポストモダン人類学」の同義語として提示されていた。それらは「民族誌とその記述」をめぐる文学理論をもちいた批判的介入であったという。

だがいまでは、「民族誌を書くこと」を扱った論文として有名な「民族誌的アレゴリーについて」や『文化の窮状』の第一章「民族誌的権威について」でさえも、それは「民族誌とその記述」をめぐり、一人称民族誌の作成を推奨し、民族誌的リアリズムを批判しているとはいいきれないだろう。また、クリフォードは「対話法」や「多声法」によって民族誌を書くことが『他者』表象の実在論」を乗り超えるといっているにすぎない（杉島　二〇〇一：一二）ともいいきれないだろう。その理由は、「対話法」や「多声法」ということばで表現された民族誌内の単一的権威の分散は、脱植民地化以降に顕著となった「読解の複数化」によって導きだされた結論であるからだ（『窮状』七二）。すなわち、クリフォードは脱植民地化に起因する（民族誌の）「読解の複数化」という現象に着目し、この現象への対応として「受容の政治学」とは異なった視点から民族誌を書くことを再考したのであって、民族誌を書くこととテクスト化とを同一視し続け、「対話的」民族誌や「多声的」民族誌がもっとも進歩した民族誌的形態であると述べているわけではないからだ。クリフォード（Clifford 1990 : 148 ; 2007 : 214）自身も以上のような主張が誤りである、と釈明をおこなっているし、わたし（太田　一九九八：二〇五）もそれに言及したが、最近でも同じ主張が反復されている理由はなぜなのか、理解に苦しむ（たとえば、竹沢　二〇〇一：二八五）。繰り返すが、民族誌を書くことは、データの書き込みや民族誌というテクストの出版をもって終了するのではなく、対象社会の人びとの文化的活動から始まり、民族誌家たちの記述を経由した後に、著者が予期していなかった読者をも巻き込んで継続する一連の社会的過程なのである（『窮状』四九四）。

わたしは、当時の読解が誤解だから、すべて無意味だとは思っていないが、それらの読解はどこへも行き着かず、その意味で「座礁」してしまったと明言しておきたい。いまでは、当時とは異なった読みを可能にする状況が、次々と生まれてきている。ひとつは『ルーツ』や『文化の窮状』というクリフォード自身の主要文献が翻訳されたことがある。また、もうひとつは、矛盾とも受け取られかねないが、本書の冒頭でも言及したように、人類学が死亡宣告を受けていることである。(3) 死亡宣告を受けることによって、人類学を甦らせるための根源的問い直しが切実な意味を持つようになる。

いま、救済が必要なのは文化ではなく、人類学の方なのである。これまで死滅したといわれてきた文化は社会制度の変化を利用し甦り始めている。過去二〇年における世界各地での先住民運動の高揚は、その一例にすぎない。そうしたなかで語り、主張される文化は有機体というイメージでは捉えることができないだろう。だからといって、このような先住民文化の変化は、真正性を失っていく姿なのではない。と同時に、それは「ポストモダン先住民」が創造する異種混淆的文化である、という語り口を安易に受け入れることでもない（太田　二〇〇三b：二四六）。「ポストモダン先住民」という発想は、異種混淆性を欲望するわたしたちが投影する先住民イメージにしかすぎない。クリフォード(『ルーツ』二一四)は、そのイメージの影となり、はっきりと認識されないがそれでもそのイメージを曖昧にする先住民の姿に着目することを忘れない。たとえば、クリフォード(『ルーツ』二〇二)は『ルーツ』において「パラダイス」展がパプア・ニューギニアの異種混淆性に満ちた近代を表象するかたわらで、一見「純粋主義」へと回帰してしまったかに見える「オンガ文化センター」での展示にも同時に注目している。その展示は未開趣味――まさに異種混淆性という概念が否定しようとしてきた対象――と同一視されかねない危うさを持ちながらも、それが未来へと向かうための経路のひとつでもあり、「後ろ向きであると同時に前向き」であるという(『ルーツ』二〇四)。クリフォードの結論は、アイデンティティの拠り所としての集団と歴史を抑圧の源泉として考慮から除外し、異種混淆的個人の実践が近代の軛からの解放につながるという結論へとは短絡していないのである。

クリフォードはこれらの展示に表象された先住民文化から、先住民たちの姿と影との両方を捉えようとする。先住民たちは過去に帰属し、いまでは消滅してしまっているわけでも、先住民としてのアイデンティティを放棄して「ポストモダン」な存在へと変身しているわけでもない。自らはほとんどコントロールできない急激な社会変化のなかで、先住民という集団的アイデンティティを保持したまま社会の周縁で生き続けるか、あるいはそのアイデンティティを捨て、近代的で平等な市民となり国家に参加するかという二者択一を拒絶し、これまでとは異なっていようとも、ある集団に帰属する「先住民」として――その意味では平等性を否定し、差異を持った存在として――近代国家内部に生き残る姿なのである(『窮状』二九四―二九五)。たとえば、サパテイスタ運動のマルコス副司令官は次のように述べている。「われわれの独自性を失うことなく、われわれの文化の放棄を強制されることなく、つまり先住民であることをやめることなく、そうしたい〔メキシコ市民になること〕と考えているのです」と（ラモネ　二〇〇二：四五）。

人類学も、近代を生きる先住民のように、変化しながらも生き残ることができるのであろうか。わたしは死亡宣告を受けた学問を受け継ぐ者――つまり「学際性」という越境を強調するだけではなく、過去との絆を大切にする者――のひとりとして、過去をただ懐かしむのではなく、過去に遡りつつこの学問を革新し甦らせるためにはどうすればいいのか、この問いについて考えることを忘れないように、つねに自分自身にいいきかせている。

わたしのなかでは、学際性と人類学という学問領域（ディシプリン）へのこだわりは、まったく矛盾しない。というのは、わたしは人類学者として、その学問の境界を超えるように思考してきたからである。この学問は、一九七〇年代中盤からギアツが「解釈学的社会科学（interpretive social science）」という学際性への経路を切り開いて以来、人文系諸分野に接近するかたちで学際化してきたといえる（Rosaldo 2001）。しかし、学際性とはギアツが一度だけ「越境の方法」を示せば、その後はそれをおこなう必要がなくなるという一過性のプロセスではない。七〇年代とは異なり、現在、学際性という考え方はすっかり定着した。だが、その反面この考え方の根底にある学問領域を超えた対話の推進という意味はすでに忘れ去られ、学際性という考え方は学問領域の問題系を無視するための免罪符として機能し始めているように思われる。そうした状況では、ギアツが示した方法の再検討も含めて、学際性への経路を再度切り開く必要がある。いまこそ人類学の境界を確認し直し、これまでにはない方法で越境していかなければならないだろう。したがって、人類学かあるいは学際かという二者択一の選択肢は、わたしにとって無意味である。わたしが、クリフォードの著作をあくまでも人類学者として読むこと――クリフォードが人類学者だと主張しているのではない――にこだわる理由は、学問領域と学際性との緊張関係を維持し、その緊張関係が生む知的生産性を失いたくないからである。どこから、何を、どう読むのかという言説的個別性へのこだわりがなければ、学際性が常態となりつつある現在、この緊張関係を保つことはできないだろう(第八章参照)。

すでに「ポストモダン人類学」などという呼称も、時代への追憶のなかでしか意味を持たない現在、クリフォードの著作はコンテクストを失い、座礁してしまっている。だが、翻訳をとおしてようやくわたしたちの手元に届いた複数のクリフォードの著作は、著者が意図していなかった時と場所で、必ずしも想定していなかった読者たちの手で救出されるのを待っている。救出とは、彼が予想すらしなかった問題を扱うために、彼の著作を使い、その問題との取り組みのなかで彼の思索が「第二の生命」を持つようになることをいう。

最後に、「甦り」ということばは有機体を連想させることについて付言しておきたい。クリフォードも『文化の窮状』のなかで、有機体という発想が文化の未来への道を狭めてきたことを繰り返し指摘した。にもかかわらず、わたしがこの「甦り」という有機体的発想を引きずったことばにこだわるには、それなりの理由がある。死滅した「恐竜」でさえも二〇世紀末の「遺伝子工学の技術」によって甦るという虚構が未来を描くためのひとつのイメージを提供する時代に、われわれはすでに突入しているからである（巽 二〇〇二：二〇）。それは、序章で言及したように、死者に別人の臓器を移植し再生（re-membering）することと同一の発想のもとにある。

死滅する世界を描写する学問は、その世界の死滅と同時に終焉するのだろうか。それとも、その学問の対象のひとつである先住民たちもすでにさまざまな社会制度の変化を利用して現代に甦っているように、「新たな技術」によって、この学問も甦る可能性があるのだろうか。わたしには、クリフォードの仕事がこの学問の「甦り」に関しては、最後に紹介するレヴィ＝ストロースのことばと同じ発想のもとにあり、「甦り」のために新たな技術を提供するように思えてならない。甦り――亡霊の回帰と言い換えてもいい――は反時代性を示し、新たな現状認識を可能にはしないだろうか。

消えゆく熱帯を嘆く学者（「エントロポロジスト［エントロピーとの語呂合わせによる造語］」）レヴィ＝ストロース（Levi-Strauss 1966：126）でさえも、けっして人類学の終焉を予告していたわけではなかった。反対に「人類学はこの〔植民地主義〕暴力の時代の娘である」と断言した後、「人類学は新たな外観のもとに生まれ変わる目的でそれ自身を消滅することを許すことによって、激動する世界のなかで生き抜くだろう」と主張しているのである。レヴィ＝ストロースは一八七九年に設立されたアメリカ民族学局が発行した全四八巻におよぶ年次報告書を高く評価していた。その理由は、報告書には先住民文化についての詳細な記録が残されていたからということだけではない。それらの詳細な報告は、アメリカ民族学局の人手不足を補うため、「ネイティヴ」たち――たとえば、著名な人物を列挙すれば、ラ・フレッシュ（オマハ人）、マリー（スキディ・ポウニー人）、ハント（クワキュトル人）ら——がそれぞれの社会専属の「言語学者や歴史家」として訓練を受け、その結果として生まれた記録だからである。レヴィ＝ストロース（Levi-Strauss 1966 : 126）は、人類学の未来を「ネイティヴ人類学者」たちの活躍に託していたことになる。[4]

このレヴィ＝ストロースのことばと、人類学を批判しその死亡宣告に荷担したといわれるクリフォードとの間に、ここでは断絶よりも共通性を指摘しておきたい。人類学の窮状を見据える透徹した視点とその窮状でさえもいまだに歴史の終着点とはなり得ないことを示す希望との両方が、このふたりには共通しているのである。一九六〇年代中盤における人類学の窮状を一過性の事件として捉えずに、いまも継続している未解決な問題として現在の窮状から人類学の未来について思考するためには、この透徹した視点と希望の両方を見失ってはならないだろう。

第三章　歴史のなかのミメシス
――ディラン／グアテマラ／九・一一以降の世界

1　はじめに

マイケル・タウシグ（Taussig 1993）の著書『ミメシスと他者性』のなかでもっとも印象深い図版のひとつは、ロンドンのグラモフォン社――後のRCAビクター社――のロゴになった、蓄音器から流れる飼い主の声にじっと耳を傾ける犬、ニッパーの絵である。タウシグは、自然界はミメシスに溢れているが、しかしその能力にもっとも優れているのが人間である、というベンヤミン（一九九六a［1933］：七六）から着想を得て、この絵について次のように述べている。人間においては痕跡となってしまったかもしれない「ミメシス的能力（mimetic faculty）」が、複製機械の発明という技術革新により甦るとき、犬という自然の存在による証明が不可欠である（Taussig 1993：224）と。この絵の魅力は、近代が技術革新によって置き換えてしまったはずの自然や未開性が、近代のまっただなかに、亡霊のごとく回帰し、甦るところにある。それは、ミメシス的能力の（継続ではなく）復活をも意味した（Taussig 1993：20）。

タウシグ（Taussig 1993：70）は同じ著作のなかで、「ミメシスは歴史の外には存在しないし、同じようにミメシス的能力の外側には歴史は存在しない」という。本章ではいくつかの異なった領域を横断する手法により、タウシグとともに、ミメシス的能力を歴史のなかで考えることを試みたい。

2　歴史・自然・ミメシス——アメリカのポピュラー音楽

わたしの目にとまった図版は、ニッパーの他にも、もうひとつあった。それは『ミメシスと他者性』の二一八頁にある、ミンストレルの自動人形である。五弦バンジョーをいまにも爪弾こうとするその手、観衆たちに自らの演技の自然さをアピールしているかのような視線。黒人の顔立ちをしている気もする。その迫真の表情を見ると、生と死とを分かつ境界の曖昧さを暗示しているようで、不気味な気持ちにさえなる（cf. Freud 2003［1919］：141）。

ミンストレルは、一八四〇年代に北部労働者階級の白人——アイルランド系が多い——が、顔を黒く塗りつぶし、黒人を真似る演技や歌などで、他の白人たちを楽しませるエンターテインメントとして興ったのが、その由来である。[1] ミンストレルのパフォーマンスは、他者としての黒人男性のしぐさや歌を模倣するミメシスとして展開する。

いま、このミンストレルの自動人形を見ていると、ある不思議な符合を思いださずにはいられない。まず、ボブ・ディランのアルバム『ラヴ・アンド・セフト（愛と窃盗、*Love and Theft*）』

である。二〇〇一年、発売後一カ月ほどしてから、このアルバムを購入した記憶がある。アルバムのタイトルを見た瞬間に連想したのは、エリック・ロット（Lott 1995）の同名の本だった。[2] ロットは、白人労働者階級の男性が、黒人男性に対して抱く恐怖心と黒人男性に対して感じる魅力との両価性という視点からミンストレルを解釈する。ロットによれば、そもそも対象に魅了されなければ、それを模倣しようというミメシス的欲望は起きない。と同時に、その魅力に支配されないために、その魅力を象徴的に管理しなければならない。それが、対象を嘲笑することだったという（Lott 1995 : 25）。

ロットの本とディランのアルバム・タイトルの一致に気づけば、ディランとミンストレルの本質とを比較せずにはいられない。といっても、そのアルバムのなかでディランが創りだした音楽は、流行の黒人音楽を引用し、模倣しているというのではない。むしろ、彼の音楽の特徴は、過去にとり憑かれていることにある。まるで、過ぎ去ってしまった歴史の痕跡が、現在という時間にとり憑いているような感触がある。ロカビリー、カントリー、ブルーグラス、オールド・タイミー、ブルーズ、それらがいまだ音楽産業によりジャンル分けされていない、渾然一体となっていた時代を想起させる。ミンストレルとしてのディランとは、ミンストレルの持つ両価性の歴史のなかから、現在へとミメシス的能力を解放しているのである。いいかえれば、彼は、現代社会においてミンストレルになるとは何を意味するのか、ミンストレルの意味を現在へと翻訳し、甦えらせようとしている。

彼のミメシスは、あくまでも歴史のなかにある。（ディランのことばを鵜呑みにすることは危険であるが）彼自身が語っているとおり、彼は一九四一年に生まれ、古い世界が新しい世界へと変わる境界を生き、伝統社会の消滅を目撃した人間なのである（Dylan 2004 : 28 ; Sante 2005 : 36 ; Marcus 1997 : 196）。

一九二〇年代に七八回転レコードにその声や演奏を残した者たちは、そのほとんどが不況で一掃されてしまう。たとえば、ハーリー・スミスの『アンソロジー・オブ・アメリカン・フォーク・ミュージック』（Smith 1997［1952］）のなかにその作品が収録されていたミュージシャンたちは、すでに死に絶えたと思われていた。六〇年代になると、クレアランス・アッシュリー、ミシシッピ・ジョン・ハート、ドック・ボッグスらは、フォーク・ブームのなかで再発見される。彼らが最後の輝きを放つとき、ディランはその目撃者だったのである。事故死する数日前にバディ・ホリーのライヴに行ったディラン自身のことばによれば、ホリーは前列にいたディランをしっかり見据えたといっている。過去が現在に大きな影を落とす、いやミメシスにおいては過去が現在になるのである。

ディランの発揮するミメシス的能力は、『ラヴ・アンド・セフト』というアルバムのハイライトである「ハイ・ウォーター（High Water［for Charlie Patton］）」にもっともよく表現されている。この歌でも、過去のブルーズやバラードなどの歌詞の断片がリサイクルされている。たとえば、次のとおりである。

カッコウは美しい鳥だ

飛びながら、さえずる
The Cuckoo is a pretty bird
She warbles, as she flies

聴いている者は、すぐにアッシュリーが歌った「カッコウ」の原曲にある次の詩を期待し、連想するだろう。その原曲では、こう続いている。

カッコウは鳴き騒ぎしない
七月の四日まで
And it never
Hollers coo coo
'til the fourth day of July

「カッコウ」はミメシス的鳥である。自ら巣を作らず、モズやオオヨシキリなどの巣に卵を産む。カッコウの卵は、それらの卵よりも短時間で孵化する。先に孵化したカッコウの雛は、他の卵を巣の外へ押し出す。その後、カッコウは「他者」になりすまし、成長するのである。北米にはいないこの鳥に関する歌が残っているのは、スコットランドやイングランドからの伝播であるのかもしれない。

だが、「七月四日」ということば遊びは、この歌の歌詞が断片によってできあがっているからこそ、それだけ想像力を喚起し、不意にわたしを不気味な気分にさせる。カッコウの生態は自然界に溢れるミメシスを示唆するが、カッコウが米国の独立記念日と結びつけられた瞬間に、歴史のなかのミメシスを考えざるを得ない。つまり、この歌は米国が先住民を駆逐して成立した植民国家であるという歴史を、忘却の淵から救い出す歌なのである（cf. Marcus 1997 : 118–120）[(3)]。

ディランのアルバムは、ミメシスについてのわたしの連想をさらに刺激する。そのアルバムを買ったのは、わたしがグアテマラ共和国から日本へ戻る途中、サンフランシスコに滞在していたときだった。それ以来、このディランのアルバムを聴くたびに、グアテマラにおける「歴史のなかのミメシス」について、考えずにはいられなくなった。

3　グアテマラの『ラヴ・アンド・セフト』

一九七五年ミス・ユニヴァース・グアテマラ代表エイミー・アバスカルが民族衣装賞を獲得したときのポスター（拙著『民族誌的近代への介入』カヴァー参照）を、ある安宿で見つけたカクチケルの中年女性――この女性は行商をして生計を立てていた――は、吐き捨てるかのように、次のようにいったことをはっきりと覚えている。

彼女は、あのネバフのウイピルを自分の手で織らなかった。それは確かだ。でも、なんであれを着ているのかしら。ああやってラディーノたちは、スペイン人がわれわれの先祖から土地や財産を奪ったように、今度はわれわれの織物を奪う。彼女は泥棒だ。わたしの体にはテクン〔ウマン〕の血が流れている。

グアテマラ社会で、日常的に白人がマヤの民族衣装を着用することは、特別な日——たとえば、一二月一二日の「グアダルウペの日」は、ラディーノの子供たちが先住民の民族衣装を着る祝日だが——を除外すれば、まったくあり得ない。先住民は前近代の象徴であり、グアテマラにおける近代化を妨害する要因なのである。多くの白人やラディーノにとって、一般的には先住民は嫌悪の対象にすぎない。両価性が表面化するのは、世界の檜舞台においてグアテマラの独自性を主張する際、その前近代性の象徴を利用しなければならないようなときだろう。

グアテマラのマヤ民族の歴史は、国内の政治・経済における周縁化、社会と文化における同化の歴史であった。土地が簒奪されるのと同じように、文化も奪われるのである（cf. Thomas 1999：144）。先のマヤ女性の怒りは、「カッコウ」という歌が、しばしば忘れられていた米国の歴史に対するもうひとつの見方を顕在化させるように、グアテマラ文化をめぐる土着性——すなわち、グアテマラ文化の土着性を主張できるのは、国家かそれとも先住民か——について、異なった視点から光を当てる結果になる。彼女は、植民国家としてのグアテマラの歴史をテクン・ウマンとともに語ってもいる。

テクン・ウマン（Tekun Uman）は、ペドロ・デ・アルバラードと闘い、戦死した（伝説上の）

キチェ戦士であることはよく知られている。[4] たとえば、メンチュウ（Menchú 1998 : 18）は、テクンの「ナワル」（霊的ダブル＝誕生とともに人に与えられる動物）はケツァルであり、ケツァルの胸が赤いのは、テクンの血の色だともいわれていると述べている。ケツァルは自由の象徴としてマヤ民族のなかで生き続ける。また、別の口承によれば、テクンは闘いの前に、自らの身体を羽根で覆い、まるで鷲のように空を飛ぶ呪術師でもあったといわれている（Freidel, Schele, and Parker 1995）。

いまでは、テクンはキチェ戦士だったというだけではなく、当事はキチェ王国と対立していたカクチケルでさえも、テクンがカクチケルの城があったイシムチェに匿われていたと述べ、テクンを誇りにしている。テクンはすでにマヤ民族全体を代表する英雄なのである（Carey 2001 : 45）。反面、国家も彼を回収している。グアテマラの複数の地には彼の銅像が立ち、〇・五ケツアル紙幣には、テクンの姿が描かれ、彼はいわばグアテマラというナショナルな空間に流通する国家全体の文化遺産になりつつある。[5] しかも、テクンをめぐる支配的な言説――小学校教育などで広められている――においては、彼は馬を見たことがなかったので、人間と馬との区別をつけることができなかったため、ペドロ・デ・アルバラードの軍勢の攻撃に敗れたといわれる。そこには民族的英雄の姿はない。けれども、こうしてテクンを国家の文化遺産として回収しようとすればするほど、また民族の英雄として語ろうとすればするほど、別のイメージも社会に流通する結果を生んだ。それが、呪術師としてのテクンの姿である。

呪術師としてのテクンの姿が、もっとも強烈に現れたのは、ある「マヤ司祭」（ajq'ij. 字義どおりには、「暦〔を熟知している〕人〔day keeper〕」だが、実際にはシャーマン的活動をおこなう）が語る、テクン像だった。その司祭は、テクンはマシモン（Maximon）でもあるという（Pieper 2002 : 55）。この司祭の説明によれば、一五四〇年に（現在の）アンティグア——当時は、サンティアゴ・デ・ロス・カバジェロス、カクチケルたちはPan Q'anとよんだ町——で処刑された最後のカクチケル指導者（ajpop）であったカヒィ・イモッシュ（Kaji' Imox）は、処刑される寸前に、カクチケルたちに対して草（背丈が二メールくらいになる植物〔k'in〕）を縛った人形（ximon k'in）で、自分のイメージをつくるように伝えたという。以来、カヒィ・イモッシュは、ximonともいわれるようになった（maは男性に対する敬称）。ここでは、テクン、カクチケル王、そしてマシモンの三者の呪術性が強調されている。

マシモンはとくにその姿を、相手の望むように変化させることでも知られている。たとえば、服装も祈りをあげる人と同じ服装になる。サン・アンドレス・イツァパ町のマシモンは、マヤだけではなく、ラディーノたちの崇拝の対象にもなっている。だからといって、この事実はマシモンがラディーノ化したということではないだろう。むしろ、マヤの力を信じ、それを利用したいというラディーノたちの欲望の表現なのであろう。

コロンビアの先住民たちの治癒能力を信じる植民者たちについて、タウシグは興味深い報告と分析をおこなっている。彼は『シャーマニズム、植民地主義と野生の人間』（Taussig 1987a : 336-338）のなかで、コロンビア・プトマヨ地方におけるヤヘイを服用する儀礼では、シャーマンは金のブーツをはいたコロンビア軍兵士を幻視する。と同時に、一九三二年コロンビア軍兵士としてペルー国境で闘った老兵は、シャーマンたちが兵士の傷を治癒した話にことかかなかったという。[6] ヤヘイの服用による治癒が死の経験として語られていること、さらには近代国家のもつ神秘性と治癒力が結びつくことをタウシグは指摘する（Taussig 1987a, 1997）。わたしは、相反するカテゴリーの同一化――あるいは調和した「システム」ではなく、異質な要素を含むがゆえに不安定なシステム「nervous system」という表現にもある、秩序と混沌との互換――が、タウシグの（弁証法的）思考の根底にあると考えている（Taussig 1992）。[7]

　マヤ司祭たちによれば、マシモン――そして、これまでの議論の延長としては、テクンやカクチケルの指導者も――は、ただの死者ではなく、現在に舞い戻る力があるという。その証拠に、マヤ司祭たちの家には、その規模に大小はあるが、必ずといっていいほどマシモン像があり、卜占や治療儀礼はマシモンに供物を提供し、その力によって卜占や治癒が成功するという。物神《フェティシュ》としてのマシモンは、それが表象する過去とそれが存在する現在との境界を曖昧にする。過去が現在へと憑依してくるという表現が正しいのかもしれない。こうして、現在に亡霊のごとく回帰してくる過去を、タウシグ（Taussig 1987a : 373）は「呪術としての歴史」とよんでいた。マシモンたちは、現在の状況を変化させるべく、過去と現在との間にある境界を乗り越えてくる。

　このような考えを、タウシグはかなり前からあたためていたようだ。たとえば、しばしば象徴的抵抗論の典型として表層的に語られる、彼のもっとも初期の作品『南アメリカにおける悪魔と商品物神性』（Taussig 1980）がある。彼によれば、ベンヤミンの仕事の本質は、近代が過去のものとしてしまった意味を記憶に再度呼び覚ますことによって、現在を過去によって革命的希望に満ちた時間にすることだという（Taussig 1987b：105）。すでに忘れ去られたイメージを、現在ある商品と並置して、商品の置かれた文脈の調和を中断させ、商品の持つ新たな側面を抉りだすのである（Buck-Morss 1989：67）。

タウシグがコロンビアのサトウキビ農園で耳にする「悪魔との契約（devil pact）」にまつわる話は、そのような弁証法的イメージを構成する。悪魔（デヴィル）はすでにヨーロッパ人の意識から追放されて久しい。しかし、歴史においては、新たな使命をおびて復活してくる。そもそも悪魔は、ウィリアム・ブレイクの思想にも反映されているとおり、一方において破壊と腐敗、他方において成長と変換、という弁証法を作動させる存在である。

コロンビアのプトマヨ地方では、悪魔とサトウキビ農園産業とが結びつけられて語られる。その理由は、農園産業が「生きているが死んでいる状態（living death）」とか「花盛りの不毛さ（florescent barrenness）」という「生産と破壊の弁証法」をその特徴としているため、悪魔がそれを語る象徴としてもっとも適しているためである。農園では、生産と破壊とがまるで同一で、互換可能なことばになってしまう。フロイトのことばを借用すれば、「不気味な」場所なのである。農園労働者たちがおこなうといわれる「悪魔との契約」は、農園産業の特徴を悪魔という邪悪さによって語っているのではなく、それは前資本主義から農園産業への移行――後者が完全に支配的な場所では、悪魔崇拝は存在しない――を媒介しているのである(8)。タウシグは、このような解釈でもって労働条件の悪化を悪魔という形象に訴えるというような「功利主義」的説明に対峙させている。

このタウシグの主張を、「悪魔との契約」にまつわる話は資本主義が前近代的経済システムを破壊するときに出現する、農民たちによる象徴的抵抗の一形態である、という解釈に還元すべきではない。むしろ、彼は「悪魔との契約」をとおして、資本主義経済における（わたしたちが感じる）自然さ——すなわち、それはマルクスが分析した商品の物神性——を異様なものとして、読者に再び突きつける。「悪魔との契約」をめぐる噂は、（象徴的抵抗の一形態という）コロンビアの現実に限定された話——そういう解釈は、人類学的未開主義の極みにすぎない——ではなく、資本主義経済の異様さを指摘する批判的語りとして受けとめるべきなのである（Taussig 1987b : 104)。

4　おわりに——九・一一以降の世界

ディランの『ラヴ・アンド・セフト』は、「ミメシス」、「呪術としての歴史」から「弁証法的イメージとしての悪魔」まで、タウシグの著作に散在した概念を連想の束にゆだねる機会を与えてくれた。最後に、そのディランのアルバムがリリースされた日付についてふれておかねばならない。それは、二〇〇一年九月一一日。この偶然の一致は、さすがに不気味な気にさせる。たとえば、「High Water (for Charlie Patton)」も、チャーリー・パットンが一九二七年のミシシッピ河の大洪水について唄ったブルーズを元歌にしているという表層的解釈から離れ、洪水というイメージに神罰としての（聖書の）大洪水を見て取り、この歌は米国を突然襲った災禍の予言だ、とまで解釈した音楽批評家もいたくらいだ。

その解釈の是非はともかく、その日以降世界が決定的に変わったという人は多い。そうしたなかで、政治学者マムダニ（Mamdani 2004b）による、この事件を歴史化する視点は異彩を放つ。彼によれば、大きな変化とは、後期冷戦構造――とくにレーガン政権時代――のもとに常態化した低強度紛争（low-intensity conflict）による「代理戦争（proxy war）」から先制攻撃へと、米国の世界戦略が変化したことだった。

米国にとってヴェトナム戦争が残した教訓は、直接介入から代理戦争への移行であった。第三世界の独裁政権であろうとも、反共主義を唱えているかぎり、米国からの支持を得ていた。たとえば、ソ連のアフガニスタンへの介入に際して、ソ連対全イスラムという対立図式を演出するために、米国は政治的には無力化していた原理主義者たちを政治の表舞台へと登場させた。そこにアルカイダの起源があるのは否定できない。当時ソ連を「悪の帝国」と呼んでいたのは、レーガン政権である。だが、アルカイダはそのレーガン政権の後継者たるG・W・ブッシュ政権を、「邪悪の体現者」として語る。後期冷戦構造が生み出した政治的主体が、その冷戦が終焉した後になり、今度は思いがけないかたちで回帰してきたのだ。

この歴史を無視し、レーガン政権の後継者であるブッシュ政権は、先制攻撃の論理に訴える。その論理とは「もし相手を殺さなければ、相手は自分を殺すのではないか」という恐怖に裏打ちされている。だから、殺される前に、殺す――つまり、先制攻撃――というのである。マムダニ（Mamdani 2004b : 211）は、これがジェノサイドの論理と同一の論理であると述べている。

タウシグは、二〇世紀初頭コロンビアのプトマヨ地方で起きたゴム会社による先住民の拷問・虐殺を暴く報告書を書いたロジャー・ケイスメントの仕事を分析し、それが西洋の未開主義——帝国主義の犠牲者としての先住民——に基盤を置いていることを指摘していた。つまり、無垢な先住民が貪欲な帝国主義者たちによって労働力を搾取されているという図式である。だが、このケイスメントの報告書でも不明な点は残る。ゴム採取の先住民労働力が不足しているとき、なぜその労働力をさらに減らすような拷問・殺戮が継続していたのか、ということが説明されないのだ。タウシグの分析は、ゴム会社を経営するペルー人たちがいだく矛盾した先住民イメージ——幻想《ファンタジー》といってもいいが——に気づくことから始まる。それらのイメージは語りのなかで増殖し、何が真実で何が虚構なのかが判然としない「認識論的暗闇（epistemic murk）」を形成する（Taussig 2002a [1984]：233）。それに支配される植民者たちは、まるでマムダニが指摘していた「ジェノサイドの論理」に従うかのような行動にでるのである（太田　二〇〇三b：八）。

二〇〇一年、コロンビアのある小都市に準軍事部隊が到着し、「浄化（limpieza）」とよばれる作業を始めた。やがて、暗殺が起きる。この準軍事部隊の正体ははっきりしない。タウシグ（Taussig 2003：xi）は、それらの兵士は可視的世界と不可視の世界の間を動く「亡霊的戦士」であるという。人びとの噂やゴシップ、日常会話のなかでも、その不確定さはどんどん増殖する（Taussig 2003：112）。いや、その混乱をとおして町の人びとは管理されているとまでいえるのかもしれない（Taussig 2003：125）(9)。

二〇世紀初頭のケイスメント報告書のなかで描かれた世界から、最近のコロンビアの小都市での自ら目撃した経験まで、タウシグは現実と虚構との境界や確実性と不確定性との境界の不明瞭さによって特徴づけられる認識論的暗闇が、政治的支配の道具となり、「死の空間」をつくりだす状況について語ってきた。九・一一以降、世界全体にそのような混乱と、その混乱を道具として人びとを支配しようという政治が一気に拡散したのである。いまでは、世界全体がプトマヨやコロンビアの小都市のようになりつつあるのかもしれない。そんなとき、ベンヤミン（一八九二―［1940］）のいう唯物論者のように、わたしたちが過去から担っている期待とは何か、それを考えずにはいられない。そんな過去のメシア的力に呼応したディランのアルバムから、また「ハイ・ウォーター」を聴きたくなった。

第四章　グアテマラ・マヤ系先住民と言語権
――征服が痕跡として残る社会における「権利」をどう捉えるか

1　はじめに――沖縄からグアテマラまで

文化人類学者たちが自らの経歴を語りだすとき、「偶然」ということばから始めなければならないことがしばしばある。マリノフスキーがトロブリアンド諸島をフィールドとして選んだ理由も、歴史的偶然の産物であった。集中的現地調査をおこない、「クラ交易」という市場経済とはまったく異なった交換関係についての知識を収集すれば、トロブリアンド諸島社会を描き出せるという目論みをもって、フィールドに赴いたわけではなかった。このオーストリア国籍を持ったポーランド人は、第一次世界大戦が勃発したため、ニューギニア南東地帯（パプア）に――しばしばメルボルンへ休養のために立ち寄っていたものの――二年間ほど滞在し続けることになる(M. Young 1998 : 2)。これが偶然ではなくして、何であろう。

マリノフスキーの場合のように、いまでも文化人類学者とフィールドワークは偶然によって結びつけられている。たとえば、「どうして、その場所をフィールドとして選んだのですか」という疑問に対して、その理由を偶然ということば以外で応えることは難しい。けれども、偶然はゲームにおいては万能であるジョーカーのようなものである。どうしてそのフィールドを選定したのかという疑問を前にしたわたしたちに、もう一歩踏み込んだ思索を許さない（Gupta and Ferguson 1997：11）。もし、フィールドとの出会いが、偶然ではないとすれば、それはどのように語ることができるだろうか。

わたしにとって、グアテマラは遠い場所だった。一九九〇年代中盤まで南西諸島の社会組織の変動が生み出す民間信仰の変化、潜水漁が近代化されるなかで継続される前近代的素潜り漁、沖縄本島で若者に支持された再帰性にみちた演劇活動など、わたしが研究してきた対象は、米国で文化人類学を学んだ日本人が、人類学の学徒であり、また「現地人《ネイティヴ》」としての位置づけを受け入れると同時にそれを拒絶しようともがくことから生まれる、（自分が管理できると考えた）わずかな空間に存在していた。「異文化」にいるという感触を、少しでも経験できる場所へ赴きたい。わたしはフィールドでの活動をとおして、いま述べた制約があるなか、自らを文化人類学者として自己成型していた。

フィールドにおける自己成型を、自己中心的でひとりよがりの研究姿勢である云々、と批判されてもしかたがないと思っている。いま恥を忍んで告白したのは、アイデンティティの形成を考えるとき、すべての選択肢が開かれているなかでそれがおこなわれるのではない、ということを強調しておきたかったからである。歴史がアイデンティティを決定するのではないが、歴史内存在として創造的アイデンティティ形成がおこなわれるのだ。

さて、日本に戻ってくると、文化人類学者になるために、再び自己成型を迫られることになった。日本で文化人類学者として一人前になるためには、日本国外に調査地を求めなければならないという[1]。沖縄での調査経験から観光という近代的現象を考察しようとしていたとき、カリブ海と中米を訪問する機会を得た。とくにグアテマラ共和国で印象に残ったのは、先住民が近代化や内戦中の虐殺により文字どおり「消滅」してしまうどころか、まったく正反対に、自らの独自性を主張し始めていたことである。

いまでは、グアテマラ内戦は先住民に対するジェノサイドだったという歴史的評価があるが、その苦境を乗り越えたことになる（CEH 1999）。一九九六年末の和平合意には、先住民のアイデンティティと権利回復が盛り込まれていた（中米におけるエスニシティ研究班 一九九九）。それまでのグアテマラの歴史において、先住民は無視されるか、ラディーノ化（非先住民化、つまり同化）されるか、あるいはジェノサイドの対象になるか、自らを先住民と名乗ることすら困難な状況が継続していたことを知っていたから、この変化には大いに驚いた。

当時わたしは北海道にいたので、日本社会全体におけるアイヌ民族の社会的存在が以前にも増して可視的になってきたこともあり、世界規模での先住民運動の高まりを充分感じることができた。グアテマラに限らず、近代国家の成立時から一世紀以上が経過し、先住民たちはすでに死滅したか、完全に同化されたか、ときには文化人類学や芸術での「未開主義的想像力」の対象になってきたという歴史を振り返るとき、わたしは回帰する過去に直面していたことになる。先住民たちの運命はつきていなかったのである（Clifford 2003）。

わたしにとって、二〇世紀末から現在へと連続する時間は、過去が回帰してきた日々であった。グローバル化や技術革新という進歩の物語によって時代を語ることに違和を感じ、日本社会全体がいまだに終焉しない過去——たとえば、アイヌ新法成立後も未解決の「アイヌ問題」、従軍慰安婦問題や旧植民地からの労働者強制連行問題に代表される「戦争責任」をめぐる議論が高まったことなど——に包まれた感じさえ持ったものだ。[2] 一方において、グアテマラのマヤ系先住民たちが歴史の表舞台へと登場したことと、他方において「亡霊」のようにこれまで存在していたのに可視的になることはなかった過去が突然と現在に噴出してきたこと、この双方はわたしのなかで結びついた（太田　二〇〇三a）。

一九八〇年代沖縄県八重山地方黒島での調査から学んだのだが、暴力による不遇の死を迎えた者——殺人の犠牲者、水死者、交通事故死者や自殺者などが代表的である——は、すぐには墓には入れてもらえず、墓の外に漆喰かコンクリートで固めた塚にいったんは埋葬される。（三、五、あるいは七年後に）洗骨した後、墓へと移動される。これらの死者は怨霊となり祟りを及ぼすとさえいわれていた（桜井　一九七三：九四）。つまり、不遇の死をとげた者の魂《マブイ》は後生《グショウ》へとは行けず、この世をさ迷い歩くのである。二〇世紀はじめロベール・エルツが述べていたように、暴力によって死んでいった者は、その死にざまの異常性ゆえに、生者の記憶に強烈に焼き付けられ、そのイメージは消え去ることはなく、それどころか呪術的力を持つようになる（Hertz 1960 [1907]：86）。その力を利用して、いまだに暴力が充満している世界において、「暴力の記憶を現在の公共空間に位置づけ直す」仕事をする人びとが現れる（Taussig 1992：28）。

マイケル・タウシグ（Taussig 1987a : 372）は、南米コロンビア・プトマヨ地方のシブンドイ谷で調査中に、現地のシャーマンから「邪悪な風（mal aires）」について、次のような話を聞いた。邪悪な風は人びとに災禍や病をもたらす原因だが、それは近くの丘や山に埋められた征服以前の先住民たちの骨が瘴気になり、とくに（体の）弱い人（people with weak blood）を襲う。さらに、タウシグ（Taussig 1987a : 373）は、ベンヤミン（一九九五）の「歴史哲学テーゼ（歴史の概念について）」を読み解く作業を手がかりにして、次のように主張する。「邪悪な風は、現在生きている人びとを惑わすために歴史が使う呪術、ベンヤミンをも執拗に魅了したある種の合意――それは、この世代と過去とを結びつけている（救済についての）『秘密の合意』――によってつくられた（一種の）呪術のようにみえる」。「呪術としての歴史（history as sorcery）」がプトマヨのシャーマンたちを動かすように、現在に残る過去の痕跡が、わたしたちに現状を変化させるよう働きかけるのである。

グアテマラでも日本でも、いまだに解決をみない過去があり、それらと向き合うことを求める声が聞こえてくるのである（太田　二〇〇三b）。遠いと感じていたグアテマラは、こうして近い存在になった。わたしにとってのマヤ系先住民運動研究は、人類学ではその構成要素の一部になっているかもしれないが、未開主義《プリミティヴィズム》――先住民に限らず、対象に対して真正な他者性を想定する立場――によって動機づけられているわけではない。反対に、わたしたちも先住民運動が起きている歴史に巻き込まれているという認識に導かれている。グアテマラの先住民運動を研究する日本人研究者という視点を獲得したことになる。

この同時間性に気づけば、次のようにいえないだろうか。先住民たちが近代を先住民として生き抜くための選択肢が限定されているのと同じように、研究者としてこの運動を研究するとき――それは社会運動に参加することとは異なる行為であるが――その研究者がとる視点の選択肢も、同じようにおのずと限定されている。研究対象である先住民もそして研究者であるわたしたちも歴史的拘束のなかで世界への対応を迫られ、先住民は社会変革のために、またわれわれはそのような活動を把握するときの「理解の地平」を広げるために、それぞれ異なってはいるが連動した選択をおこなうのである（先住民とわたしたちとの溝の存在を意識しつつも、その運動との関係を創造することになる）。歴史的拘束からまったく解放された立脚点から、論理だけにもとづいて選択をおこなうことは、われわれの生きる社会の自己イメージ――自己イメージは、しばしば現実とはほど遠いものだが――を押し付けているにすぎず、はなはだ非再帰的であり、したがって文化人類学とは縁がない立場である。

本章では、グアテマラ社会における先住民の言語権をめぐる問題について考えてみたい。しかし、そのテーマに入る前に、文化人類学者たちがグアテマラの先住民運動全般を研究するとき直面するという「ジレンマ」について言及しておきたい。なぜなら、そのジレンマは言語権をめぐる議論にも登場することになるからである。北米文化人類学者フィッシャーとブラウン（Fischer and R. McKenna Brown 1997 : 3）はそのジレンマをこう語っている。「マヤ人研究者は、二〇世紀前半に欧州や米国の研究者たちがよく使った本質主義的分析に向かう傾向がある。〔……〕〔他方では〕、欧州や米国の研究者たちは、そのような伝統的分析方法を放棄し、文化的データの土台となっている重層的意味や曖昧さに注目すべく、より流動的パラダイムを求めだした」。そうすると、「反本質主義的理論に慣れ親しんだ人類学者は、〔先住民の見せる〕このような本質主義に対してしばしば両価的姿勢をとり、多くは先住民たちの自決の哲学を支持するようにみえるかたわらで、対象〔先住民たち〕がいう文化的真正性の概念群を否定する構築主義的批判をおこなうことになる」（Fischer 2001 : 11）。フィッシャー（Fischer 2001 : 9）にとって、反本質主義――あるいは構築主義――は（知的・政治的に）「解放的分析」を生むが、本質主義は生きられた世界に実在する多様性を抑圧し、管理可能なカテゴリーに還元してしまうという。

わたしは、グアテマラのマヤ運動をいかに理解するかというとき、それを本質主義にもとづいたナショナリズムであると論難することはおかしい、と主張してきた（太田　二〇〇三b）。先住民運動は文字どおり「政治的」――それは「アカデミック」ではない――であり、その意味では自と他の区別――カテゴリー化すること――は不可避である。その本来の目的は、被抑圧からの解放である。一八七一年以降グアテマラの政権は、さまざまな立法により「先住民というカテゴリー」（indígena あるいは natural）をとおして、近郊農園や道路建設での労働力提供を強制してきた。すなわち、先住民というカテゴリーを否定しては、この歴史を理解することはできない。もちろん、その歴史のもっとも悲惨な終着点が、マヤ民族に対するジェノサイドであったことはいうまでもない。先住民であるがゆえに受けてきた被抑圧からの解放は、そのカテゴリーを忘却することによっては達成されない。

本質主義に根ざしたといわれる先住民の主張には、過去との絆を大切にする、いわば「伝統の継承」が含まれている。それはナショナリストによるイデオロギー的政治操作にすぎないという烙印を押されているが、その理由も理解に苦しむ。現在おこなわれている文化生産を過去のそれと対比して、前者を政治的操作の産物であると位置づける「伝統の創造論」（Hobsbawm and Rager 1983）にもとづいた議論は、文化にダイナミックな変化はないという奇妙な考えを前提としているようだ。

本質主義が人種主義やナショナリズムと同じ論理を展開するように見えるからといって、先住民運動家たちを人種主義者やナショナリストと同じカテゴリーに押し込め、その政治的姿勢の論理的誤謬を批判する文化人類学者たちには、大きな幻滅を抱き続けてきた（だからといって、誤解のないようにつけ加えておきたいが、わたしは人種主義者やナショナリストなのではない）。

それらの政治運動のイデオロギーを支えるのは、フィッシャーらが「本質主義」に根ざした考えであるといって批判する、文化や言語の共有という考え方である。グアテマラのような場所では、研究者の分析は科学的——したがって、政治的中立——だが、マヤ研究家たちのそれは政治的であるという区別は、説得力を持たないだろう。なぜなら、（本質主義を）批判する構築主義的批判はただの科学的主張ではなく、マヤを分断し、脱力化（disempower）する政治的効果があるからだ。(3)

マヤ運動は、マヤたちによる「アイデンティティの政治」である。とすれば、これまで述べてきた「ジレンマ」とは、より一般的にいえば、研究者たちが先住民の「アイデンティティの政治」に直面しているから発生するのである。「アイデンティティの政治」は、リベラル民主主義が近代国家のあるべき姿であると想像している研究者たちの感性を逆なでする（Clifford 2000；太田　二〇〇二）[4]。

しかし、マヤたちが自らの土地や先祖との絆を大切にすることと、近代国家の一員になることとは矛盾するのだろうか。むしろその両方の共存可能性――マヤとしてグアテマラに生きること――を否定してきたのが、植民国家グアテマラの暴力にみちた歴史ではなかろうか。グアテマラで起きている先住民運動は、たしかに「アイデンティティの政治」の一形態である。その検討をとおして、近代国家における「アイデンティティの政治」を、論理ではなく、政治形態として論じる必要があるだろう（つまり、すべての政治的運動が、国家による周縁化への抵抗とその是正を求める運動なら、「アイデンティティの政治」ではない政治運動など、存在し得ないのではなかろうか）。

わたしにとって、文化人類学の魅力は再帰的思考をわたしたちに求めてくる点にある。それは、同じようにフィールドで観察をおこなった自然誌家ダーウィンと文化人類学者ボアスを分かつ何かである（浜本　二〇〇五ａ：太田　二〇〇五ａ）。この再帰性を否定すること――つまり観察対象と観察者との関係性を否定すること――が、未開主義を生む。タウシグ（Taussig 1993 : xviii）に倣っていえば、類感呪術とは、表象に対して表象されるものが持つ力を与える行為だが、これは両者の間にある差異を曖昧にすることを意味する。表象と表象されるもの、虚構（「書かれたもの」としての民族誌）と（生きられた）現実との区別は、人類学においてはしばしばぼやけてしまうにもかかわらず、人類学を科学として成立させようとする欲望は、この知識を強引に整序することによって成立しているのかもしれない[5]。

マヤ運動から生まれる先住民の独自性についての主張――その主張は、古代（古典期）マヤ文明との歴史的継続性、独自の世界観や宗教（たとえば、『ポポル・ヴフ』が頻繁に引用される）や生活様式、土地や先祖との絆など（Montejo 2002：131）――が、本質主義だから理論的におかしいという点にばかり囚われるのではなく、それをおかしいと判断する研究者たちはどのような欲望の構造に自己同一化しており、その構造はどのような歴史から生まれてきたのか、について考えることがまず重要であろう。この再帰的ループを経過しなければ、マヤの生き抜いてきた歴史――これは内戦中のジェノサイドの歴史だけではなく、そのジェノサイドが征服の反復として経験される植民国家《セトラー・ネイション》の歴史――を想像することはできないのである(6)。社会学者エイヴェリー・ゴードン（Gordon 1997：5）がいうように、「他の場所での生活について想像するためには、われわれはどんな場所に住んでいるのか、それを知る必要がある。他の場所に住めるようになる前に、他の場所に住むことを想像できなければならない」のである。

2　グアテマラでのマヤ系先住民運動における言語の重要性

グアテマラでは二一（あるいは、二二）のマヤ系言語――マヤ系言語は他にもメキシコ、ホンジュラス、ベリースに存在し、それらを総計すると三〇言語に達する――があり、そのうち話者人口が一〇〇万人を超えているのは、キチェ語（K'ichee'）、話者人口が五〇万から一〇〇万人と推定されるのは、マム語（mam）、カクチケル語（kaqchikel）、ケクチ語（Q'eqchi'）である。カンホバル語（Q'anjob'al）の話者は一〇万人を下らないとみられている（England 2003：733）。これらの言語すべてが、程度の差こそあれ、衰退の途をたどっているといわざるを得ない。しかし、同時に言語復興をその活動の中心にすえた先住民運動――グアテマラでは広く政治的運動を含め、「マヤ運動（movimiento Maya）」と総称される――が、一九九〇年代初頭から活発になってきたことも事実である。

若干補足しておけば、マヤ運動によるイニシアティヴにはよらず、村落共同体の内部から言語回復の動きが生まれた例もある。たとえば、首都から五〇キロメートルしか離れていないパリンは、ポコマム語（Poqomam）系――話者人口は、三万二〇〇〇人と推定――マヤが六五パーセント、ラディーノが三五パーセントの人口二万人ほどの町である。一九八〇年代後半、この町のポコマム語は消滅寸前だった（Guillermina Herrera Pena, cited in England 2003：741）。しかし、町のコフラディア――行政・祭祀を司るカルゴ組織――が中心となり、文化復興をリードし、ふたりの男性を言語研修のワークショップに送った。その後、先住民小学校の設立を企画し、それはマヤ系町民たちから大きな支持を得て、現在では生徒数は四〇〇名を超えるまでになっているという（Jose Gonzalo Benito Perez, cited in England 2003：741）。

さらに、パリンでは、非マヤ語話者――グアテマラでは、ラディーノ人口が念頭にある――に、マヤ語教育をするという「L2」レベルのバイリンガル教育も本格化している。二〇〇七年、近郊のエスキントラやプエルト・サンホセ市からパリンの小学校に一一名の小中学校の教師たちが集い、そこで一〇週間、各週四時間の講義を受け、さらにCD‐ROMによる教材を利用し、最低二時間の自主学習を義務づけたバイリンガル教育が始まった[7]。バイリンガル教育の意義は、小学校低学年におけるマヤ語を母語とした学童の脱落を防ぐということにとどまらず、バイリンガル教育をとおした多民族国家における新しい「市民像」を提供するということも、そのなかに含んでいる。

　ところで、なぜこの時期に言語復興の機運が生まれたのか。その原因はいくつかあるだろうが、ふたつだけ指摘しておきたい。第一は、世界規模での変化がある。先住民たちが歴史に再登場するのは、西洋近代国家のヘゲモニーが衰退したからである。植民地主義に代表される世界を単一のヘゲモニーのもとに階層化しようという流れは、一九六〇年代に入ると急速にその求心力を失う。脱植民地化——ジョナサン・フリードマン（Friedman 2003 : 744）は「グローバル化によるヘゲモニーの衰退」と呼んでいる——が、西洋社会全体に大きな影響を与え始めたことによって歴史が動きだしたのである。たとえば、それが米国の公民権運動に与えた影響はきわめて大きい(Von Eschen 1997)。

　さらに、公民権運動は、女性運動、北米先住民運動からキリスト教原理主義まで、人種、ジェンダー、エスニシティ、宗教を土台にした運動——つまり「アイデンティティの政治」——にひとつのモデルを提供した（Mamdani 2004b : 44）。言い換えれば、西洋中心のヘゲモニーが拡散し、自己同一化の対象が多様化したともいえるだろう（Friedman 2003 : 744）。

　この変化は、人類学にも大きな影響を与えてきた。一九八〇年代以降の理論的流れは、権威、アイデンティティ、客観性、真正さなどの諸概念を問いなおすことであったと同時に、そのような変化に抗して人類学者としての居場所（＝権威）を回復しようという動きとなって現れている（Friedman 1994 : 739）。本章第1節において「ジンレマ」として言及しておいた状況は、グアテマラや他のラテンアメリカ諸国だけではなく、オセアニアにおいても起きている先住民知識人と人類学者とのきわめてパブリックな対立から生まれている。

第二には、グアテマラの特殊事情がある。それは、言語に対する理解を深めた先住民たちが内戦を生き延びたことである。一九七〇年代初頭からグアテマラでは北米の言語学者たちが先住民たちに言語の分析手法を伝授していた。内戦が激化してゆくなか、政治運動家たち――このなかには農民を組織し、土地闘争をおこなった人びとだけではなく、国立サン・カルロス大学などで学んでいた数少ない若い先住民知識人たちも含まれる――は、軍によりことごとく殺害された（Simón 1998）。しかし、軍はマヤ系言語や文化について知識を有する者たちは「民俗研究者」にすぎないと考え、政治運動に直接手を出さないかぎり、弾圧の対象とはしなかったのである。こうして内戦を生き延び、それが終結に向かいつつあるとき、言語分析と同時に言語がアイデンティティの拠り所であるという教育を受けた分析家たちは、グアテマラを多言語、多文化、多民族の国家であるという和平合意を背景に躍進した（Warren 1998）。

一九八六年から、マヤ言語に関係した諸機関――SIL（Summer Institute of Linguistics. ワイクリフ聖書翻訳協会）、フランシスコ・マロキン言語プロジェクト、バイリンガル教育国家プログラム（PRONEBI : Programa Nacional de Educación Bilingüe）――が正書法を検討してきた。八七年に正書法が確立すると、九〇年にはグアテマラ・マヤ言語協会（ALMG : Academia de Lenguas

Mayas de Guatemala) が国家機関——国家予算の配分を受けるが自立した機関——として成立した (Fischer 1997 : 63-64)。

さて、マヤ民族の虐殺として語られる内戦を生き延びた人びとのうち、北米言語学者たち——T・コウマン、L・キャンベル、N・イングランドらの活動が有名——から言語分析を学んだマヤ諸語を母語とする人びとは、自らの言語を分析するという経験から、ある特殊な言語イデオロギー——自己と社会を結びつける紐帯として言語が機能するという考え方——を体得した。それは、マヤ言語がマヤ民族の中心にあり、それを共有する人びとはマヤとしてのアイデンティティをもって集団を形成するというのである。北米言語学者たちから分析方法を学び、一九八〇年代後半から次世代の言語教育をおこなった人びと——たとえば、カクチケル語に限れば、ナルシソ・コヒティやマルティン・チャカッチら——は、このような言語イデオロギーを意識的に伝授していた。彼らが運営に参加した言語ワークショップは、一日八時間。そのうち、午後の三時間は言語学ではなく、グアテマラ史やマヤ文化の講義に費やされていた。

わたしはあるカクチケルの男性からカクチケル語を学んだ。この男性は、一九八〇年代末コヒティやチャカッチらがおこなった言語分析ワークショップに一年間参加した結果、初めてグアテマラ社会において「マヤとして」——ここでは「インディヘナ (indígena)」という対ラディーノ関係において定義されることばではなく、独自のエスニシティとしての「マヤ」、そして「われわれ (qawinäq)」ということばが使われた——生きることの価値を見出したと語ってくれた。彼は、小学校教育しか受けていなかったが、それまで自分がマヤとして誇れるものは何もないと感じていた。彼らの指導によって、公共の場でカクチケル語を話すことが恥ずかしくなくなったという。

マヤ運動における言語の重要性はすでに述べたところだが、言語復興の内実とそれが置かれた政治的状況についても簡単にまとめておきたい。まず、その内実について。グアテマラ言語協会の下部組織は、各言語の代表者たちによって組織された「言語共同体」（たとえば、カクチケル語の場合は、カクチケル言語共同体［Kaqchikel Cholchi'＝Comunidad Lingüística Kaqchikel］）である。言語共同体の活動はいくつかあるが、ここではカクチケル語の「標準化（estandarización）」についてふれておきたい。

まず、文法や書きことばを作成するために不可欠なカクチケル語の「標準化」を、他の非政府組織――とくに、イングランドの組織したOKMA（Oxlajuuj Keej Maya' Ajtz'iib'）――と共同で推進している。これまでもカクチケル語の文法書や辞書は存在したが、それぞれの著者の出身地の地域性を反映し、カクチケル語圏全域で利用できるものではなかった。このプロジェクトを支えているマヤ言語研究者たちの多くは、言語がアイデンティティの中核になるという言語イデオロギーを持っている。しかも、マヤ語全体とまではゆかないまでも、たとえばカクチケル語の文法を整備するときには、約一〇〇〇年前に分岐したといわれるキチェ語やツトゥヒル語などを相互参照し、できるだけそれらとの相似を強調するように文法――たとえば、語順など――を再構成している（England 1996：6-7；OKMA 1997：34）。彼らがこう主張するのは、カクチケル語圏全体が植民地時代の遺産である地方市町村（municipio）単位に細分化され、それが原因で内部対立が起こりかねないという考えと同じ論理で、マヤ言語間の偏差を強調すれば、それはマヤ全体の分断を促進する、という危惧の念を抱いているためである。

一方、マヤ言語研究者たちの心配とは別に、言語の「標準化」は話しことばの多様性を書きことばの均質性へと橋渡しするものだと誤解し、これに反対する意見も多い。だが、実際におこなわれている「標準化」作業では多様性は消去されてはおらず、むしろ同一の概念が複数の場所で発見されたとき、それらは同義語として記載され、多様性は尊重されている（England 2003 : 736）。また、実際にバイリンガル教育の現場でおこなわれる文法の解説をとおして、文法を学んだ小学生や中学生などが正書法どおりに話し始めるということにはいたっていない。

次に、政治的状況である。和平合意に含まれていた「先住民族のアイデンティティと諸権利に関する合意（Acuerdo sobre Identidad y Derechos de los Pueblos Indígenas）」（一九九五年三月）は、グアテマラを多文化、多言語、多民族国家と定義しなおし、先住民族の存在――シンカ、ガリフナ、マヤ――を初めて認めた。合意には、公用語の再定義を含めた憲法改正の国民投票をおこなうこと、誰もが母語で教育を受ける権利を保証されること、人種差別を犯罪として扱い、ＩＬＯ一六九号条約――「独立国における先住民族及び種族民に関する条約」――を批准（グアテマラ議会は一九九六年六月に批准）すること、先住民たちの聖地や精神性を尊重すること、教育改革をおこなうことなど、具体的に示されていた（Jonas 2000 : 75）。

一九九九年五月に和平合意履行の一部としておこなわれた憲法改正などを盛り込んだ国民投票の投票率は一八パーセント、つまり八二パーセント以上の有権者が棄権した。結果は、憲法改正に賛成四七パーセント、反対五三パーセントであり、憲法改正案は棄却されてしまった（Warren 2002）。しかし、先住民の人口が集中している北西高原地帯では、マヤ語の公用語化をめぐる項目などについて、六〇―七〇パーセントが賛成に投票していた。先住民たちの関心の高さが窺われる。その後、言語に関していえば、二〇〇三年には「国語法（Ley de idiomas nacionales）」が成立し、スペイン語はこれまでどおり公用語ではあるが、政府は国家アイデンティティの重要な要素として先住民言語を保証する義務を負った。しかもこの法律によって初めて、先住民言語で公共サーヴィスを受けることが可能になった。一九八五年憲法（一四三条）ではスペイン語だけが公用語として位置づけられ、先住民言語は「国有〔文化〕遺産（patrimonio nacional）」であるとされていたため、マヤ語は現在ではなく過去にしか存在しないことになっていた事実と比較すれば、きわめて大きな変化といえるだろう。

もちろん、先住民の権利やそれを守るために機能する法の制定を要求する活動は、マヤ運動の一部にしかすぎないものの、それらが大きな注目を浴びることも確かである。たとえば、いま述べたグアテマラの国語法には、一九九六年バルセロナで採択された「世界言語権宣言（Universal Declaration of Linguistic Rights）」にある自集団の言語によって教育を受ける権利などに対応する内容がみられる。言語権がマヤの人びとの生活にどのような影響を与えるのかはいまだに未知数である。それが多言語社会における少数言語――グアテマラではマヤ民族の人口は過半数を超えているが、マヤ系言語はスペイン語に対して周縁的な位置にあり続けてきたので、この表現も適切と判断する――の地位回復に結びつけられて主張されているから、グアテマラでもこれから論議が高まるに違いない。言語権については人権などと同じように法的議論が要請されるのは当然としても、文化人類学者たちの間でも言語と権利との複雑な関係についての考察は、グアテマラを例として論じているわけではないものの、すでに始まっている。

3　言語権は言語を物象化しているか

ここでは、国家に対して先住民たちが法に訴えて自らの権利を主張するとき、先住民の生活はどのように変化するのかについて、文化人類学者たちがいだく危惧についてふれておきたい。つまり、その危惧をグアテマラのような植民国家において先住民運動を回帰する過去――タウシグなら「呪術としての歴史」とよぶだろうか――として位置づけ直してみたいのである。言語権のように、生活から言語を抜き出し、それを促進・保全しようという考え方は、文化人類学者の間では厳しい評価を受けている(8)。わたしはそのような危惧を共有しているわけではないが、言語権についての考え方を相対化する必要はあると思っている。つまり、そのような危惧を生む前提について反省することも重要だと考えているのだ。その理由は、人権と同じように言語権がその普遍性においてグアテマラでも有効だからというのではなく、一見言語権により後押しされているようにみえる動きも、言語権が前提にしている歴史とは異なった歴史に由来すると考えているからである。

権利という考えは所有物や資産を保護する歴史にその起源をたどることが可能であり、リベラル民主主義国家では他の法も所有関係をモデルとして発展した（Mauer 2003：776）。たとえば、マクファースン（Macpherson 1962）は『占有的個人主義』において、ホッブスからロックまでイギリスのリベラル政治思想の根底には、「自由な個人は有産者である」という了解があることから、個人と財産（property）との所有関係が暗黙の前提として存在していたことを明らかにした。同様に、言語権とはある社会集団が言語を（所有物として）占有しているという前提がなければ機能しない。その集団はひとつの言語を占有するから、それを共通の意思疎通のメディアとしてその社会内部に流通させることができる（「世界言語権宣言　一般原則　第七条二」［言語権研究会　一九九九：一七〇］）。また、社会の優勢な他者に対して自らのアイデンティティの認知を求める際も、その根拠となる言語を特定できなければ、権利の主張はおぼつかない。

さて、いわば西洋の市場経済を支える「占有的個人主義」のように、個人や集団と言語との所有関係をモデルとした言語権に対して、文化人類学者は当然のことながら批判をおこなってきた。たとえば、言語権は言語を物象化――モノ化（モノとして扱うこと）――している（Whiteley 2003：713）、西洋の市場経済に合致するようなモデルは、当然そのような経済からはみだす経済活動に範をとる現実――集団的所有、非占有的主張、交換関係など――を把握できない（Gledhill, cited in Mauer 2003：778）云々。権利と法は、これまで流動的で変化に富んでいた言語（や文化）に対して、「権利主張が認められている人びとの選定」や「法による保護の対象確定」というポリーシングを実践する。境界を明確にする行為は、権利を主張する排他的集団をつくりだし、法による保護の対象を物象化する（Brown 2003：225）。結果的には、権利主張をしている集団の利益に反した結果を生みかねないというのである（Mascia-Lees and Lees 2003 : 710）。さらに、クーパー（Kuper 2003 : 390）のように、先住民に対してまず権利を認めること自体が排他性をともなっており、それはヨーロッパの極右勢力が移民排斥を進めるときの論理と同じだという理由から、これらの権利主張を退けるべきだという批判もある(9)。

しかしながら、現在言語権に代わり先住民たちをエンパワーする有力な資源があるわけではない。それどころか、人権や言語権など普遍性にもとづいた主張が、悲惨な内戦を経験したグアテマラの先住民たちにとって、ますます唯一の選択肢になりつつある（その証拠に、真相究明委員会のような「過渡的正義［transitional justice］」の考えにもとづいた活動や内戦のダメージに対する「補償［resarcimiento］」要求は、少しずつだが現実化してきた）。それを選択すれば、また理論的誤謬を犯すのだろうか、ちょうどマヤ運動家たちが支配的なラディーノとは異なる民族であるという声をあげるとき、構築主義ではなく「本質主義」に向かうという「誤謬」——わたしがそれを誤謬とは考えていないことは、第1節ですでに示したが——を犯したのと同じように。また、クーパーの主張のように、先住民たちがおこなう権利主張の論理は、ヨーロッパの極右の論理と同一であるから、両方とも批判されるべきなのだろうか。もちろん、そうではないだろう。

わたしは、普遍性にもとづいた権利主張が理論的に正しいかどうかをわたしたちが判断する前に立ち止まり、まず考察すべきことがあると考えている。マヤ運動には本質主義的傾向があると批判する前に、そう批判する研究者が欲望している対象は何であるのか、それを相対化する必要があるのと同じようにである。こう反省した後、どのような歴史から、この選択肢が選ばれているのかを想像することが可能になるだろう（cf. Ramos 2003 : 397 ; Turner 2004 : 265）。歴史的想像力は、わたしたちには物象化としてしかみえない主張が、先住民には異なった意味を持つかもしれないということに気づかせてくれる。最後に、わたしをそのような歴史とは何かについて考えることへと誘った、あるできごとを紹介しておきたい。

4　おわりに――簒奪が回帰する歴史

あるカクチケルの男性が、わたしに尋ねてきた。ワクチン――この部分で彼は「vacuna」というスペイン語を使った――は、人を殺すのか。話を聞いてみると、彼には娘が三人、息子が四人いた。息子のうちのひとりは、保健所で受けたワクチン接種後、高熱を出して死亡した。

息子はワクチンのために死んだ。それ以来、他の娘や息子たちには、接種を受けさせていない。だから、いまでも元気だよ。友人が、首都の病院に入院したとき、医者たちが全身かさぶたで覆われた男の体から、皮膚をはがしていたのを見たというんだ。彼は、それでワクチンをつくる、といっていた。ワクチンは薬なのか、それとも毒なのか。教えてくれよ。おれはこう考える。政府はおれたちマヤを皆殺しにしようとしている。スペイン人がおれたちの祖先を皆殺しにしようとしたのと同じように。

わたしは、彼が息子を失ったことの重みを前にしては、どんな説明も無意味だと感じた。ただ、このできごとについても、男性にとって、まるでスペイン人たちによる征服の歴史が、自分の息子を失った十数年前の記憶と連続であるかのような話し振りであったことには驚いた。カクチケルのいくつかの集落で調査をした米国人研究者D・キャレイ（Carey 2001：249）も、「現存する〔エスニシティ間の〕敵対関係は、以前スペイン人がカクチケルたちを虐待したからだとカクチケルたちはいう。このような搾取は現在でも国家やラディーノとの関係において継続しており、国内におけるエスニシティ関係の要となっている」と報告している。

グアテマラという植民国家——先住民を征服した結果生まれた植民地《セトラー・コロニー》が独立して形成された近代国家——が、その成立の起源において抱え込んだ矛盾がある。植民国家では先住民は労働力を搾取されるのではなく、土地は強奪され、同化を強要され、ときには文字通り虐殺された歴史がある。しかし、マヤ民族が征服前の社会を回復できないのと同じように、現在のラディーノや白人たちも先住民たちを殲滅することはできなかった。それどころか、第三章でふれたグアテマラのミス・ユニヴァースが典型的であるように、ラディーノや白人女性が世界の檜舞台に立つとき、自らがもっとも忌み嫌う——その存在すら認めたくない——マヤの女性の衣装をまとわなければ、自国の独自性を表象できないのである。

植民国家のこのような矛盾を整序する方法のひとつは、先住民を過去に帰属させ、その文化を「国家遺産」——国家アイデンティティの一部に回収して——として扱い、現在生きている人びとと区別することである（N. Thomas 1999）。だが、いま紹介したふたつの事例では、そのような国家的時間の調整を逆なでるかのように、過去が現在においてその存在を主張しているのだ（デリダ　二〇〇七）。

「征服の歴史が呪術師の役回りをする」（Taussig 1987 : 373）。こういういい方が奇を衒っているにすぎないというのなら、次のように言い換えてみよう。グアテマラにおいて征服は、「痕跡（trace）」である、と。つまり、現在は存在しないが、不在であるからこそ、それだけよけいに喚起力を持ち、強烈に人びとの記憶に「征服」を甦らせる（Taussig 2004 : 186）。征服が痕跡として機能している社会での政治運動を、リベラル民主主義思想を前提としている視点から評価することは、きわめて再帰性に欠けた批判にならざるを得ない。論理的にベストな選択肢とは何かを求めることにしか価値を置かないことも、ひとつの歴史的拘束性の表現にすぎないのである。

普遍性に訴える言語権や人権がグアテマラ社会で有効な戦略として機能し始めていることから、この社会がリベラル民主主義の思想を共有しているかのような印象を覚え、あたかもマヤ運動とわたしたちは同じ論理を追求しているかのような誤解が生まれる。しかし、いたるところで噴出する過去の痕跡は、論理における是非で争点を検討できる平等な社会関係が初めから存在していないことに気づかせずにはいないだろう。社会集団と言語とを同一視するイデオロギーや言語の復権を要求する主張が、古臭い言語イデオロギーに毒されているとか、言語の物象化を生んでいるという批判は、きわめて軽薄なものにすぎないことが分かる。人びとが日常的に語ることばは、平等な個人とその利益を守る国家というリベラル民主主義国家内での個人という関係を、征服以来の先住民として生きた歴史をとおして再定義しているように聞こえる（第二章注1参照）。それは、痕跡として現在に残る過去の記憶が、人びとを動かし、現在ある社会の進むべき未来の方向を、過去へと立ち戻ることによって獲得する方法であるのだ。そう考え直したときにはじめて、グアテマラの先住民運動は、冒頭でふれたように、アイヌ民族や日本の植民地主義が残した負の遺産に対処することを蔑ろにすべきではないと感じているわたしたちにとっても、きわめて身近な存在になる。

第五章　文化の所有と流用

——亡霊と痕跡が支配する時間からの試論

1　はじめに

一九〇三年、当時ミンストレル・ショウのバンド・リーダーでコルネット奏者でもあったW・C・ハンディ（William Christopher Handy 1873-1958）は、ミシシッピ州クラークスデイル近くのタットワイラー駅で、すでに九時間遅れになっているシカゴ行の列車を待っていた。その夜、隣に座っていた細身だが頑強そうな黒人男性が、ハワイアン音楽を演奏するときのように、ギターをひざの上に置き、左手で弦を押さえる代わりに、ナイフの裏面を使って弦の上を滑らせながら、「Goin' where the Southern cross the Dog」と三度繰り返し歌いだした[1]。ハンディ自身の回想によれば、それは「これまでに聴いたことのない不思議な歌」だったという（Oliver 1969：26）。音楽理論に精通していたハンディは、この音楽——三度と五度がフラットになる——をすぐさま採譜し記録に留めた。それが基礎となり、ハンディはその後「セント・ルイス・ブルーズ」など、多くの作品を楽譜《シートミュージック》として発表した。

ハンディがスライドギターの音色に魅了された夜から一〇〇年が経過した二〇〇三年、アメリカ合州国は大々的に「ブルーズの誕生一〇〇年」を祝うことになる。その一環として、秋には米国の公共放送（PBS）がマーティン・スコーセッシ監督総指揮の映画プロジェクト『(Martin Scorsese Presents) The Blues : A Musical Journey』を七夜連続で放映した。そのうちの一篇、マイク・フィギス（Mike Figgis）監督の映画『レッド・ホワイト・アンド・ブルーズ』には、一九六〇年代にようやく黒人ブルーズがイギリスに紹介され始めたころを回想する若き日のスティーヴ・ウィンウッドの姿があった。彼はインタヴューのなかで次のように語っていた。(2)

音楽大学に入学すると、先生にどんな音楽が好きかと訊かれたんだ。それで、ストラヴィンスキーも好きだけど、ファッツ・ドミノやレイ・チャールズも好きだと答えた。そうしたら、それら〔ファッツ・ドミノやレイ・チャールズの音楽〕を忘れるか、それともここから出て行けといわれたよ。

同じ光景は、ウォルター・ヒル（Hill 1986）監督のロード・ムーヴィー『Crossroads』に登場していた。ジュリアード音楽院でクラシック・ギタリストとしての才能を認められていた主人公の白人少年は、黒人カントリー・ブルーズにも傾倒していた。それを知った音楽教師は、クラシックかそれともブルーズか、どちらかを選べと迫る。そして、「二人の主人に従うことはできない。〔……〕〔ブルーズのような〕未開音楽は文化的なものなんだ。その文化に生まれていなければ、それを弾けない」と言い放つのである。

白人には黒人音楽を演奏できるはずがない。できたとしても、それは模倣であり、芸術的創造にはなり得ない。もちろん、そう考えていたのは、白人だけではなかった。ナット・ヘントフ(一九九七[1964]:二八)は小説『ジャズ・カントリー』のなかで、主人公の少年に「ぼくが白人だから、何かちゃんと意味のあるジャズはやれないってことですか」と黒人ミュージシャンの夫婦に対して問いかけをさせている。ヘントフは小説のなかで、その問いに対し、ふたつの答えを準備した。「いや、そうはいっていない」とミュージシャンの夫にいわせ、反対に「わたしの〔答え〕は、そういう意味よ」と、妻にいわせている。白人がジャズをけっして自分のものとはよべない時代――この小説の設定は黒人ナショナリズムが隆盛した一九六〇年代である――に、それが自分の人生にとって重要になりつつあると感じていた白人少年の目をとおして、わたしたちはある種の創造的行為が人種によって限定されるとはどういうことなのだろうか、と考えずにはいられなくなる(ヘントフ　一九九七[1964]:二二三)。

一九六〇年代とは異なり、「ポスト・アイデンティティの政治」の時代とでもよべる現在、この疑問は、きわめて人種主義的であり、違和を覚える人は多いはずだ。文化的即興や創造的異種混淆など、文化横断的クレオール性がいわゆる「ポストコロニアル的自立性(post-colonial self-determination)」(Coombes 1997:215)を保証するかのようにみえるとき、文化的伝統を前提にしてしまう議論は、時代錯誤であり、理論的後進性の証でしかないのかもしれない。悪意に満ちた批評家なら、そんな議論は、ナチズムのスローガン、もっと最近では民族浄化の論理さえも想起させるというだろう。

ところで、文化横断的クレオール性を強調する立場は、一九八〇年代中盤になって登場する「ポストモダニズム」から生まれたのではないかもしれない。七〇年代には、黒人批評家・小説家ラルフ・エリスン（Ellison 1985：511）が、「アメリカ人は、場当たり的・実利的流用によって個人を豊かにする可能性が、自ら大切にしている自由というものを構成してきた、と直観的に悟っていたようである」とすでに述べているくらいである。

大衆音楽の歴史は、そのような流用（appropriation）の事例に溢れている。たとえば、一九四一年、アーカンソー州ウエスト・ヘレナ——メンフィスの南八〇キロメートルにある町——のラジオ局ＫＦＦＡが、さらにはメンフィスのラジオ局ＷＤＩＡなどが、黒人向けにブルーズをはじめて電波に乗せた。それが白人青年たちをも同時に刺激した歴史から、ロカビリーが生まれ、やがてエルヴィスが登場することになる。同じころ、逆方向に流用のモメンタムが移動していた事実もある。五四年にエルヴィスを録音したサン・レコーズのサム・フィリップスは、その三年前には黒人ブルーズ・シンガーのハウリング・ウルフと出会い、すぐさま彼を録音している。ウルフは「カントリー・ミュージックの父」と謳われる白人ジミー・ロジャースのヨーデル唱法をまねていたが、すでに独自のブルーズを歌いだしていた。ジム・クロー主義がしっかりと制度化されていたミシシッピ州でさえ、音楽においては「クロスオーヴァー」が起きていたのである。

だが、歴史は不思議な方向へも展開する。これから紹介する一九九二年にカナダで巻き起こった論争は、さきほど言及した疑問——創造行為は人種によって限定されるという疑問——が、いまだに解決されていないことを示している。その論争は一般的には「声の流用（voice appropriation）」に関する問題といわれる（J. O. Young 1994）。図式化していえば、多数派の集団に帰属するアーティストが、少数派の生活や経験を自らの芸術創造の対象にすることの是非をめぐる問題である。たとえば、カナダ協会《カナディアン・カウンシル》が助成金を与え促進する文芸活動の対象を、自らの文化について書いている作家——もし、そうでない場合は、その作家は少数派に帰属する人との共同作業者でなければならない——に限定したことに端を発した事件がある。メディアにはこの決定に反対する投書が押し寄せた。国家が個人の想像力を管理するという介入は、まるでナチス時代の焚書を想起させる。作家の想像力は、女性、少数派、支配者、はては犬や象まで、自由にそれらの声を生みだすことができる。創造とは、ある個人が抑制や拘束を受けることなく世界中の資源を自由に使い、はじめて可能な行為である。その自由を制限するのは、国家による検閲であるから、およそリベラル民主主義に反するというわけだ（Coombes 1998 : 221）。

このような立場への批判は、容易である。作家たちの社会経験がその作品に影響を与えるのなら、少数派の作家たちの作品は、多数派の作家とは異なった歴史的経験に影響を受けていることになる。国内の多様な文化促進に寄与したいという「多文化主義推進の理念」を持つカナダ政府が、少数派の作家を優先的に助成するのは、国家理念に適っていることになる。カナダでは少数派の作家たちは、多数派の作家よりも出版機会も制限されているという状況を考慮すれば、なおさらであろう（Coombes 1997 : 212）。

しかし、問題をさらに複雑にする介入もあった。それは先住民作家たちが、白人作家に対して、先住民の声を奪わないでくれ、と厳しく批判したことである。白人の作家が先住民を代弁・表象するのは、声の略奪だという。「〔白人の〕宣教師は宗教を奪い、政治家は土地を奪い、寄宿舎学校の教育者たちは言語を奪った」歴史を想起すれば、この介入を民族絶対主義——ある民族は単一の声を持つ——とか、言語の物象化——声は財産のように（奪われる）モノ——を前提としているなどと判断し、考察に値しないとはいいきれないだろう（Keeshig-Tobias, cited in Coombes 1997 : 213）。わたしは、文化的創造が人種によって制限されているかどうかという疑問に対し、簡単に「否」をもって答えることを躊躇してしまう。たとえ、文化創造がある集団に帰属しているかどうかという条件に制限されていないとしても、その文化創造がおこなわれる社会全体の構造についての考察は不可欠だろう。そして、この疑問は、さらに大きな、きわめて難解な疑問の一部を構成しているのかもしれない。

　これまで紹介してきた事例を大衆文化の歴史、あるいはカナダという多文化主義国家における先住民運動との軋轢という文脈に限定せずにより一般化してひとつにまとめるとすれば、それは文化の所有と流用にかかわる問題である。さらには文化の知的所有権をめぐる問題と言い換えることができる。そこで本章ではまず、インターネットに代表されるデジタル時代では、コモンズ——公共財産《パブリック・ドメイン》の一部になっている著作のように、誰もが自由に使える資源——すなわち、コモンズ——が創造を促し、反対に知的所有権の強化は創造や革新を衰退させるというレッシグ（二〇〇二）の議論と文化人類学との接点を探ってみたい。その理由は、文化人類学でも、文化の物象化を前提とした文化遺産保護を、レッシグが知的所有権を批判するのと同様の理由で、批判する論評も多いからである。

次に、いま述べた主張とは反対に、つまりレッシグが創造性を抑制するという知的所有権の考え方——これは当然だが、法制度の整備を前提にしている——によって、再度開かれた歴史があることを、米国の事例から紹介したい。一方で、文化の所有という考えはリベラル民主主義の理念を逆なでする。他方で、（先住民の骨や器物の）「返還（repatriation）」という考えはリベラリズムの感性に合致している。しかし、両者はともに文化の所有を前提にしている立場であることに変わりはないことを指摘したい。

最後に、これらの議論の前提となっている文化の所有と、その対極にあるコモンズというそれぞれの考えとは違った発想のもとで、自分のものとはよべない何かとの関係をどう確立できるか、その可能性を探ってみたい。そのような思索の出発点は、コモンズが想定するリベラル民主主義社会——そこでは、すべての選択肢が誰に対しても平等に開かれている——のイメージで考えることを放棄し、過去が現在に回帰し続ける不均等な歴史の継続を受け入れることになる。

2　文化的創造性——ヴァーチャルとリアル

ローレンス・レッシグ（二〇〇二）は『コモンズ』のなかで、デジタル時代にふさわしいかたちで、創造ということばを定義しなおしている。アップル・コンピュータ社の宣伝文句ではないが、「Rip, Mix and Burn（拝借して、混ぜて、焼こう）」という行為が、その一例である。つまり、創造とは、既存の資源を脱コンテクスト化し（rip）、それらを新たに組み合わせること（mix）から、新しい何かをつくりだし、そして自分からそれを発信すること（burn つまりCD‐RやDVD‐Rに焼く）である。また、タランティーノ監督の映画『キル・ビル』を連想させるが、デジタル時代の映画制作は「作文を書くのとはまったくちがった経験」で、「広範な既存映画を利用して、それを新しい創造的な形で組み合わせ、自分で撮影した新しい場面を補う」という（レッシグ　二〇〇二：三五八）。ちょうど、過去の曲を引用しないジャズがないのと同じように。

レッシグによって再定義された創造というアイディアは、たしかにこれまでの定義とは大きく異なっている。たとえば、創造とは孤立した人間がまったくの無から何かを生み出す行為――いわば「ロマン主義的個人」にその範をとっている――と考えられてきた（Coombes 1997：210）。その考えが、著作権法など知的所有権をめぐる法制度を暗黙のうちに支配してきたことになる。なぜなら、著作権法とは、個人による創造の産物をその利益が損なわれないようにという理由で、その創造の産物への自由なアクセスを制限する法律であるからだ（レッシグ　二〇〇二：一六九）。言い換えれば、創造性がなければ、著作権法は無用である。(3)

インターネットを題材とするレッシグ以前に、創造性について考察してきた文芸批評家たちも、創造としての詩作がロマン主義的個人主義をモデルにしては理解できないと主張してきた。たとえば、ブルーム（Bloom 1973：5）によれば、創造的詩人――「強い詩人」――は、先行する他の詩人たちの作品を誤読することによって、自分のための想像的空間を確保するという。つまり、創造が関係性のなかから生まれることを主張していたのだ。

レッシグに戻れば、彼はいま述べたように、個人を創造性の源泉と考え、その個人の利益を保全するために成立した法が、いまでは創造性を促進するどころか、まったく正反対にそれを抑制することを指摘してきた。創造性を発揮するために、これまですでにつくりだされたものが資源として必要であるなら、法によってその資源へのアクセスを制限することは、自由な創造の妨げになるだろう。

ここで一点だけ、補足しておきたい。デジタル時代に突入したから創造性についての新たな考えが生まれたというい方は、必ずしもレッシグの主張を正確に要約していないということだ。これまで存在していたが、しかし可視化されることのなかった創造性についての理解が、再浮上してきた——つまり可視的になった——というほうがより正確かもしれない。レッシグはコジンスキーという米国の著名な裁判官のことばとして、次のように記している。「知的財産を保護しすぎるのは、それを保護し足りないのと同じくらい有害である（つまり、両者のバランスが重要であるといっているのだ）。創造性は豊かなパブリック・ドメインなしでは不可能である」。そして、コジンスキーによれば、この創造を開花させることが、アメリカ合州国の建国理念にかなっているのだという。

さて、インターネット上での——ヴァーチャルな世界——創造を生みだすための議論は、リアルな世界においても、すでにその反映を読み取れるのではないだろうか。冒頭で紹介した「声の流用」をめぐる事例は、いま紹介したレッシグの議論とかなり符合する。ただ、レッシグのいう創造が資源への自由なアクセスから生まれるという議論は、リベラル民主主義国家ではひとつの重要な立場を形成しているものの、反対に、「声の流用」に対して制限を要求する先住民たちの主張は、少数派の見解として尊重されるべきだという意見も考慮する余地がある。さらに状況を複雑にするのは、予算配分決定後、先住民作家に対して未開主義的視点から「先住民らしさ」を一方的に規定してしまいかねないことが予想されるということだ。それがリベラル民主主義を体現する多文化主義のもうひとつの側面——つまり弊害——であるという指摘もあるくらいである(Sleeper 1997)。

「コモンズ」やそれと対極をなす知的所有権にもとづく保護という考えは、リアルな世界ではどのように展開しているのだろうか。マイケル・ブラウン(Brown 2003)は、世界中の先住民運動から多くの事例を紹介している。たとえば、オーストラリア先住民は、キャンベラの議事堂にある国家紋章を撤去することを求めた。そこには、彼らが自らの文化的所有物であると主張するカンガルーとエミュのロゴが刻み込まれていたからである。また、アンデスの先住民たちは米国の製薬会社に対して訴訟を起こした。それは、製薬会社はマカ(アブラナ科の植物の根菜)の粉末を販売する目的でふたつの特許を獲得しているが、マカを伝統的に利用してきたのは自分たちであるという理由からであった。ワイオミング州イエローストーン国立公園にあるデヴィルズ・タワーは、シャイアン、アラパホ、クロー、ラコタ、カイオワなどの聖地とされてきたが、一九八〇年代からはロック・クライミングの名所にもなっている。先住民たちからの異議申し立てに対して、国立公園管理局は憲法論争に発展させないように配慮し、夏期にはロック・クライマーたちに登山の自主規制を要求した。その理由を「北米先住民たちに対する尊厳を表明する」という意図であると説明している。

動物のロゴや植物についての知識はある集団の占有物であるという主張、また国立公園内の場所をある集団が聖地として占有利用したいという主張などは、「アイデンティティの政治」が暴走したときに発せられる権利主張のように聞こえるのは確かである。しかし、次に紹介する「返還」をめぐる一連の事例はどうであろうか。

米国では、一九九〇年に「先住民墓地保全と返還法（NAGPRA : Native American Graves Protection and Repatriation Act）」が制定された。これは有形の文化遺産がある特定の社会集団の所有物であり——欧米のミュージアムはそれらを一時的に保管していたにすぎず——要請があれば、それらをすみやかに返還しなければならないと記している（Fine-Dare 2002）。植民国家内のミュージアムは、先住民たちの器物が集積している場所である。そのなかには、先住民から強奪されたり、先住民が二束三文の値段で手放さなければならなかった器物が多く含まれている（クリフォード 二〇〇二 ; Cole and Chaikin 1990）。また、この法律は、米国が認定する部族——現在七〇〇を超える部族が認定されている——が返還要求を出せば、ミュージアムはそれに対処することを義務づけている。

3　返還をめぐる複雑な経路——制度のなかの先住民

さて、「先住民墓地保全と返還法」の対象には、器物に限らず、先住民たちの人骨までもが含まれている。第三代大統領のジェファーソンは、博物誌家であり、さまざまな標本を所持していたが、この大統領は「死人には権利はない」と言い残していることで有名である（D. H. Thomas 2000 : 58)。このジェファーソンのことばを裏切り、「先住民墓地保全と返還法」は、その死人たちが亡霊となり現在に回帰し、いま生きている人びとの力を借りて、自らの権利を主張し始めたようにわたしには思えてならない。

一九世紀中盤ハーヴァード大学で教鞭をとっていたスイス人の博物学者アガシス（Louis Agassiz 1807-1873）は、自然界を分類・記述することがもっとも重要な仕事だと考えていた。彼がおこなっていた分類の仕事には、北米先住民の骨が資料として必要だったため、陸軍に先住民の死体をハーヴァード大学に送るよう手配をしていた（D. H. Thomas 2000 : 57)。先住民たちの骨は、形質人類学——一八世紀中盤のブルーメンバッハ以降続く、科学的手法による人種の分類——にとって、貴重な資料を提供したことになる。

人骨だけではなく、身体計測も同じ理由で重要な資料であった。たとえば、そのような仕事で有名なのは、フランツ・ボアズ（Franz Boas 1858-1942）のそれである。カナダ北西海岸地帯——とくに、クワキュトル人——での民族誌的調査のほかに、彼は収集家サットンから頭蓋骨の標本七五個を購入したり、一生の間に約二〇〇個の頭蓋骨——そのうち一〇〇個は頭蓋骨だけではなく、完全な人骨標本であった——を購入している。また、入獄中のクワキュトル人の身体計測もおこなっていた（D. H. Thomas 2000 : 59-63)。

しかも、ボアズは頭蓋骨の収集や身体計測をおこなっていただけではなく、一八九四年、シカゴで開催されたコロンビア（万国）博覧会では、クワキュトル人や「ラブラドール・エスキモー」らを敷地内に住まわせ、いわゆる「住み込み展示（living exhibit）」をおこなった。一九世紀後半から、先住民や植民地の「原住民」を宗主国の博覧会において展示するということは、ひとつの流行となっていたのである。(4) ボアズは、一八八九年に、グリーランドから戻った著名な探険家ロバート・ピアリ提督（Robert Peary 1856-1920）――一九〇九年、北極点に到達――が連れてきた「エスキモー」六名――リーダーでありシャーマンでもあったキスク（Qisuk）は、八歳の息子ミニク（Minik）を同伴――を、翌年には故郷に帰すという約束で、ニューヨーク市にあるアメリカ自然誌博物館に住まわせた（ただし、ニューヨークではエスキモーたちを「[住み込み]展示」することには反対があった）。

ニューヨークに到着してから八カ月後、六人のうち四人は結核で死亡してしまう。最初にキスクが亡くなった。死んだ父親を前にして嘆くミニクのために、ボアズはエスキモーの慣わしをまねた葬儀をセントラル・パークでおこなう。だが実際には、死体は埋葬されずに、著名な解剖学者フルドリカがその脳を解剖し、ボアズは以前から欲しがっていた「エスキモー」の完全な人骨標本を得た。後日、ミニクは父親の死後の運命について真実を知り遺骨の返還を求めたが、ボアズたちは科学者には人体を検証する権利がある、と主張して取り合わなかった。ミニクは失意のうちに三一歳で亡くなった。六名の骨がグリーンランドへ戻ったのは、一九九三年になってからである（Harper 2001）。

多忙をきわめていたボアズは、「エスキモーたち」の言語や口承文化についての調査を自分ではおこなわず、弱冠二一歳のアルフレッド・クローバーに依頼した。クローバーは消滅する前に先住民についての知識を記録にとどめようと努力し、その成果を論文三篇に公表した。この経験は、イシとの出会いを暗示しているようですらある。イシのたどった数奇な運命の具体的物語については、すでに第一章で紹介したのでここでは割愛する。

さて、シオドーラ・クローバーによって語りつくされたかのようにみえたイシをめぐる物語を再度開いたのは、「先住民墓地保全と返還法」であった。これまで述べてきたように、この法律によれば、返還要望が提出されたとき、先住民の遺骨や遺品は米国が認定する部族の直系の子孫に返されることになっている。この法律の問題点として、イシの場合がそうであったように、直系の子孫を特定することが困難なことがあげられる。

また、部族という政治的アイデンティティには、一九三二年にジョン・コリアーがインディアン局長になり、その指導力のもとに形成されたという歴史がある。それまで、一八八七年以降先住民の共同所有地を個人の所有地にしようとしていたドーズ法（Dawes Act）は、インディアンに同化を強制していた。それに代わり、一九三四年に導入された「インディアン再組織法（Indian Reorganization Act）」が、部族形成を促進した。つまり、国内の少数派とは異なり、海外の主権国家のような政治体として米国政府と関係を持つことを可能にした（D. H. Thomas 2000 : 194）(5)。この歴史から分かることは、「先住民墓地保全と返還法」は、返還の道を開くと同時に、その返還の過程は、認定済みの部族であること――クリフォードの『文化の窮状』で議論された「マシュピー裁判」は、この認定をめぐって争われていた――や直系の子孫であることなど、この法律のもとでは、よくいわれるような流動的な社会や文化をカテゴリー化してしまうという弊害が起こっていたことになる。法は先住民たちの生活を繰り返し組織し直してきたことになるのである。

4　異なった歴史から関係を語りなおす方法

返還を可能にしているのは、部族による文化の占有（排他的所有）という前提である。歴史的不正義を正すことを進めるのも、リベラル民主主義国家の進むべき道であるはずだ。しかし、その前提は、文化を共通の資源として位置づけることを否定せざるを得ない。文化の所有と、自由な流用をとおした創造は、コジンスキー判事のいうように、バランスの問題なのかもしれない。

しかし、仮に「先住民墓地保全と返還法」というものが、先住民に対する暴力の歴史が無秩序に回帰することを恐れるあまり、国家がそれを秩序へと回収するための装置だと考えるならば、文化の所有と流用という問題を考えなおすためには、歴史への配慮が重要になることが分かる。アメリカ合州国、カナダ、ラテンアメリカ諸国、南アフリカ、ニュージランド、オーストラリア、台湾、スカンジナヴィア諸国、日本など、これらの国々はすべて植民国家である。植民国家《セトラー・ネイション》とは、植民者《セトラー》が植民地《コロニー》において先住民たちの労働力を搾取するのではなく、土地を簒奪し、教育をとおして同化を強制し、ときには虐殺をも平然とおこなってきた歴史によって特徴づけられる。その植民地が独立すると植民国家（近代国家）が形成されるものの、先住民たちにとっての脱植民地化とはなっていない。植民者は先住民を完全には殲滅できなかったと同時に、先住民たちも征服前の状況へと立ち戻ることができない。両者は一方が他方を完全に置き換えることができない歴史を生きることになる（N. Thomas 1999 : 173）。すなわち、植民国家内では、征服の歴史は、亡霊のように、可視的になることはないものの、それでも現在に回帰する可能性をはらんでいる。

征服によって形成された植民国家において亡霊のように回帰するインディアンたちについて、マイケル・タウシグ（Taussig 1997 : 10）は、次のように述べている。[6]

征服者たちは、自らが消滅へと追いやったインディアンを思い出す。インディアンは死者である。死者は国家に対して二重の作業をおこなう。ひとつには、死者から名前、衣装、雄叫びなどを拝借し、国家の歴史へと回収する。しかし、それとて死者の亡霊が自らの歩みを確かめるように、その存在を主張するまでの話である。現在を生きる者にとって、死者の伝統は悪夢のようにのしかかり続けるのである、と。征服、植民地化、そして植民国家形成という一連の政治的できごとが病の原因であると同時に、その治癒ともなるイメージとして、シャーマンの儀礼のなかに客体化されるという（Taussig 1987a : 367）。

この不思議な歴史を、マイケル・タウシグは「呪術としての歴史（history as sorcery）」とよんでいる。タウシグ（Taussig 1987a : 372）は、南米コロンビア・プトマヨ地方のシブンドイ谷で調査中に、現地のシャーマンから「邪悪な風（mal aires）」について、次のような話を聞いた。邪悪な風は人びとに災禍や病をもたらす原因だが、それは近くの丘や山に埋められた征服以前の先住民たちの骨が瘴気になり、とくに（体の）弱い人（people with weak blood）を襲う。タウシグ

(Taussig 1987a : 373) は、ベンヤミン（一九九五）の「歴史哲学テーゼ」を読み解く作業を手がかりにして、次のように主張する。「邪悪な風は、現在生きている人びとを惑わすために歴史が使う呪術、ベンヤミンをも執拗に魅了したある種の合意――それは、この世代と過去とを結びつけている（救済についての）『秘密の合意』――によってつくられた（一種の）呪術のようにみえる」。

「呪術としての歴史」のなかから、文化の所有と流用について考えなおすとは、どういうことだろうか。たとえば、「文化の所有」をめぐる先住民たちからの主張を検討するとき、文化を物象化して捉えることが前提となっているという批判があることは、すでに第1節でふれた。法もそのような物象化を要求する。ちょうど、過度な著作権を保護することが、創造的過程の妨げになるように、法による文化の保護を訴えることは、本来は流動的であった文化を固定化する結果を生む（Brown 2003 : 226）。研究者たちからみれば、理論的誤謬に満ちた先住民たちからの主張は、どうにも居心地の悪い状況――北米のマヤ文化研究者フィッシャーは「ジレンマ」とよんでいる――をつくりだすという（Fischer 1999）。第四章でふれたようにそのジレンマとは、次のような疑問として提示されている。なぜ、彼（女）らは理論的には解放や創造へと導きはしない理論――しばしばそれは、研究者たちが半世紀以上も前に信奉していた、いまでは忘れられた理論――にしがみつくのか（Fischer 2001 : 9）。

研究者たちは、歴史を考察に入れない。「文化の所有」を主張する先住民の声は、文化の物象化としてしか研究者には届かないのである。もし、その主張を論理だけではなく、植民国家のなかで暮らす先住民たちの視点からの発話として位置づけ直したとき、それをどのような声として受け取ることができるだろうか。最後に、この疑問について考えてみたい。

5　未来に向けた関係性——『風音』をめぐって

クリフォードは『ルーツ』のなかで、マイケル・オハンロンが主催した展示「パラダイス」におけるワギ人とオハンロン自身との間でおこなわれた展示物をめぐる複雑な交渉についてふれながら、オハンロンに対して次のような疑問を投げかける。「博物館はワギの部族や個人との進行中の交換関係をおもてだって認識しているのだろうか。それともフィールドで可能なかぎり公正にあつかうことによって、互酬性から免れているとみなしているのか。ワギはそれを、おもにオハンロンとの個人的で親族的な関係と考えているのだろうか」（クリフォード　二〇〇二：一九八）。

ここでクリフォードは、展示をめぐる交渉において翻訳が進行している可能性を示唆している。ここでいう翻訳とは、展示物の貸与を支えている関係——交換——を、ワギ人はオハンランとは異なったやり方で規定していることを指す。一方において、オハンロンは展示物を資本主義における交換——市場における一回限りの商取引——として考えている。オハンロン（O'Hanlon 1993）がいう「展示の政治性」などについての考察には、この交換についての反省は含まれていない。他方において、メラネシアでは交換は互酬性——関係は反復される——を意味する。より具体的にいえば、ワギのリーダーは互酬性とは富裕な相手――この場合はオハンロン――が〔富を〕共有する義務にさらされ続ける関係として理解しているのではないかという。互酬性とはサイクルの終わりが、もうひとつ別のサイクルの始まりを示す、終わりのない循環である。

法によって「返還」が可能になるとき、それは暴力によって簒奪がおこなわれた過去――イシの脳がそうであったように――を可視化せざるを得ない。その過去は拭い去ることのできない記憶――実在はしないが、その存在を否定できない「亡霊」のように現在に憑きまとうもの、すなわち痕跡《トレイス》――となり、現在に回帰してくる。だからといって、人骨や器物を部族に対して返還すれば、そもそもその人骨や器物を入手した歴史――多くの場合は、簒奪の歴史――に終止符が打たれるわけでもない。ワギ人が市場における（一回限りの）商取引関係を、（反復する）互酬性というメラネシア的概念に翻訳しているように、返還という関係において、植民者たちは植民国家成立における暴力の歴史の記憶によって、先住民と結びつけられるのである。

返還という関係において、先住民たちが強調しているのは、自らの文化を物象化し、その所有を宣言しているにすぎないという、いわば「アイデンティティの政治」を展開しているという解釈の他に、また別の解釈が可能ではないだろうか。征服における土地、言語、文化の簒奪の歴史が回帰し続ける社会において、「アイデンティティの政治」はある集団の権利請求の声ではなく、そのような声をあげざるを得ない現状と同時に、その歴史がいまだに閉塞していないこと、いまだにその歴史を語りなおす機会が残されており、それに参加することを誘う声である、という解釈は強引だろうか（太田　二〇〇一：四一）。その語りなおしをとおして、はじめて開かれる未来への道があると思われる。

人文学の現在について、次のようにいうサイード（Said 2004：26）なら、いま示した解釈に賛同してくれるだろう。「［歴史についての解釈の］ひとつは、過去を完結した歴史としてみる。もうひとつは、歴史――いや過去そのものでさえも――をいまだに現在に対して、そして〔……〕報いられていない人びとからの挑戦にも開かれているとみる」。

植民国家は、暴力の歴史とともに始まった。そして、その記憶が痕跡となり現在へと回帰してくる。そこでこれからもわたしたちは生き続けるとは、何を意味するのだろうか。その問いを考える場所は、けっして消え去ることのない負債とともに反復する関係性――メラネシアの互酬性のようですらある――のなかにおいてである。

わたしには解決策があるわけではない。しかし、最後に紹介したい目取真俊（二〇〇四）の小説（映画化もされた）『風音』――まず映画（東陽一監督）の脚本ができあがり、その後彼自身が小説化した――に希望の萌芽を見出してもいる。(7)

太平洋戦争末期の沖縄。航空特攻隊員の亡骸が海岸に漂着する。それを発見した清吉と父親は、哀れに想い、島の風葬場に遺体を運ぶ。清吉はそこで特攻隊員のポケットから落ちた彼の名前が刻印された万年筆――あこがれていた小学校の先生もいつも万年筆を使っていた――を持ち帰る。風葬場から村びとたちの避難所になっていたガマへ戻る途中、機銃掃射を受け、その傷がもとで父は死亡するが、村人はよそ者を風葬場に運び入れたからだと噂する。父親は戦争が終われば、遺骨を遺族のもとに送ってやりたいといっていたのに、村人たちはその善意を理解しない。

特攻隊員の頭蓋骨には銃弾が貫通した跡があり、そこを風が通ると物悲しい音を出すようになる。村人はいつしかこの頭蓋骨を泣き御頭《ウンカミ》とよび、崇めるようになった。清吉は、それが聞こえるたびに、万年筆を持ち帰ったことを思い出し、自分も父親の善意を汚したように感じ、悔やむ。

それから六〇年近い月日が過ぎたある日、沖縄へと特攻に向かった親戚――「兄のような人」――を探して本土から年老いた女性がやってくる。彼女は、自ら「兄のような人」という特攻隊員の遺骨や遺品を求めて、ここ一〇年間毎年沖縄のどこかの村を訪ねて回っているのである。漁師になった清吉のもとにもこの女性が訪れて、尋ね人の名前を告げた。その名から尋ね人が万年筆の持ち主であることが判明する。清吉は、女性が毎年沖縄を訪れて探し求めていた人が、いま風葬場で眠っている人だと知ったうえで、あえて万年筆を返さない。万年筆がそれをもつべき人――少なくとも、彼よりも彼女のほうが万年筆を持つにはふさわしいに違いない――の手に渡れば、それで彼の罪も許されるだろうし、泣き御頭も故郷で安らかに眠れるだろう。しかし、その反面、泣き御頭は村人にとっても重要な信仰対象になっている。たとえば、村の神人のひとりが次のような琉歌を詠んだくらいである。

　哀《あわ》り海《うみ》見ちょてぃ、泣《な》ちゅる白骨《しらぶに》や、風《かじ》ぬ音《に》に親《うや》ぬ　声《くうい》が聞《ち》ちゅら

（かわいそうに海を見て泣いている白骨は、海の彼方から吹く風の音に親の声を聞いているのか）

いまでは、それに節がつけられ、戦争の翌年には復活したエイサーに組み込まれた。清吉にと

っても、泣き御頭は、「父や戦争の記憶と結びついて忘れられないものになっている」。同じように、「〔彼を探しに村《シマ》を訪れた女性〕も深い結びつきによってこの村に導かれたはずだった。この万年筆を渡せば、彼女が待ち望んでいた再会が果たされる。それを叶えることが、自分にとっても最良のことなのではないか。しかし、それはこの村から風音が永久に消えることを意味する」(目取真　二〇〇四：一六一)。

この女性が村《シマ》を離れるとき、清吉に礼をいいにやってくる。彼は、「また来てください」とだけ告げる。

清吉は、「返還」――この場合は法的に強制されたのではなく、倫理的判断として、村を訪れた女性に対して風葬場に残る遺骨と形見の品としての万年筆を返すこと――という選択肢を取らない。そして、彼が年老いた女性に対して、また村《シマ》を訪れるように伝えたことばは、「まぎれもない真情だった」という。

返還は関係を終息させてしまう。沖縄戦のさなか、村人は清吉の父親の善意を理解しなかった。しかし、やがてその善意は泣き御頭となり、戦後における村《シマ》の復興とともに村《シマ》の信仰の重要な要素になっている。清吉にとっても、それは父の記憶と結びついている。村人は泣き御頭が引き起こす「不安や畏れ」を手懐けたのと同じように、清吉の記憶も父への淡い気持ちに変化していたのかもしれない。その安寧を破る事件が、特攻隊員であった兵士と深い絆で結ばれていた女性の登場であった。彼女にとって、特攻隊の兵士との関係は、けっして過去に帰属しているわけではないだろう。少なくとも彼女の記憶は、こうして六〇年も経過した今日でさえ、彼女を沖縄へと駆り立てている。ふたりの記憶が交差する現在、清吉はすべてを返還し過去に終止符を打つことよりも、女性をこのシマに導いた記憶を大切にしながら、これから村《シマ》との間に――たぶん自分との間にも――未来に向けて新たな関係を結んでほしいと主張しているのではなかろうか。

現在においても痕跡として残る暴力の記憶は、その記憶の対象が現在は不在であるからこそ、より一層強い喚起力をもち、われわれを虜にする。目取真俊もこの小説（や映画の脚本）では、過去の痕跡が現在をより複雑な時間にし、さらには未来に向かう可能性を、過去の記憶を消し去ることによって手に入れる何かではなく、むしろ反対にその記憶が可能にする道筋として考えているのではなかろうか。

6　おわりに――過去の痕跡とともに生きること

目取真の小説にふれたのは、彼のこの小説（映画）が「返還」――つまり、所有と流用の問題を具体化する概念――について考えることを促すからというだけではなく、別の理由もある。つまり、その問題について日本から考えるということを促すからである。そう考えると、わたしたち――日本に住んでいる者――も記憶が痕跡となり現在に回帰する時間を生きているという事実に敏感にならざるを得ない。カリフォルニア先住民、グアテマラのマヤ系先住民、コロンビアのシャーマンたちは、わたしたちにとっては「他者」であるかもしれない。ずいぶん昔に、あるいはここではない、どこか他の場所に、生きている人たち。だが、目取真の小説（映画）は、そういう認識を逆なでするのだ。

わたしにとって、二〇世紀末から現在へと連続する時間は、過去が回帰してきた日々であった。グローバル化や技術革新という進歩の物語によって時代を語ることに違和を感じ、日本社会全体がいまだに終焉しない過去——たとえば、アイヌ新法成立後も未解決の「アイヌ問題」、従軍慰安婦問題や旧植民地からの労働者強制連行問題に代表される「戦争責任」をめぐる議論が高まったことなど——に包まれた感じさえもったものだ。[8]「亡霊」のように、これまで存在していたのに可視化することのなかった過去が突然と現在に噴出してきた（太田　二〇〇三b）。

グローバル化は錯覚をともなう。研究者には時間や空間に拘束されることなく、まったく自立した視点が獲得可能であるという錯覚である。社会現象は既成概念によって分析され、その分析概念のもつ歴史性は問われることがない。政治学者マムード・マムダニ（Mamdani 1997 : xiii）は、そのような錯覚を否定し、知識とは事実を生産すること——つまり、どこで、いつ、どのような方法によって、という問いを事実の一部に組み込むこと——なのであるという。彼はアフリカという場所から、ヨーロッパを、アメリカ合州国を、そして世界全体を見ることを大切にしていた。本章も、ローカルな現場から考える姿勢——それはローカルな問題を考察することとは異なる——を強調してきたつもりである。ローカルな場所から考えると、わたしたちが存在する時間は、過去、現在、未来とを直線的に結びつけているわけではないことにも気がつく。文化の所有と流用に関する問題を、日本というローカルな場所において考えるとすれば、過去と未来を直線的に結びつけるのではない別の時間認識も必要なのである。

第六章　録音技術と民族誌記述
――近代のエートスとしての保存文化

1　はじめに

いまでは顧みられることも少なくなってしまった北米先住民音楽研究者のひとりに、フランシス・デンズモア（Frances Densmore 1867–1957）がいる。彼女の仕事よりも、その音楽収集現場を映し出す一枚の写真のほうが、さまざまな書物の表紙にも使われ、わたしたちには馴染み深いはずだ。その写真には、一九一六年、スミソニアン博物館において、レガリアで着飾ったブラックフットのリーダーを前にし、彼自身の声を聴かせているデンズモアの姿がとらえられている。デンズモアはいまからほぼ一〇〇年前に、アメリカ民族学局で働き始めると同時に、当時の最新機材であったコロンビア・グラフォフォン（Columbia Graphophone）を入手し、オジブウェやスーなど消えゆく北米先住民たちの音楽を記録に留めた。

さて、この写真は多様な物語を語るはずだ。たとえば、それはアメリカ民族学局の理念である救済人類学の一光景を語っているのかもしれない。また、最先端技術が生んだミメシス的機械に対峙するリーダーは、その機械が置き換えようとしていた魔術《マジック》と同じ効果を感じ、必死に驚きを隠し威厳を保とうと努力しているようにも見える。近代における技術と魔術とのミメシス的関係の物語を語っているのだろうか。けれども、わたしにはこの写真が録音と民族誌との同時間性について語っているようにさえ見えた。それらはともに、一過性の声と消えゆく未開社会とを保存しようという近代のエートスが可能にした技術ではなかろうか。

近代は、産業化や資本主義、合理性と科学の発展だけでは特徴づけられない。急激な人口移動による共同体の崩壊はやがて国民国家の成立を促すが、同時に埋めがたい喪失感を残した。この喪失感が、近代のエートスを生むことになる。

デンズモアの写真が示すとおり、録音技術（sound technology）と民族誌（ethnography）は、ともに近代の産物である。そして、この事実を認めることは、近代のエートスが技術革新に先行し、はじめて声を録音すること、先住民社会をある特定の仕方で記述することを可能にしたという意味もある。歴史に先行し声（や音）が与えられ、「未開社会」が発見を待っていたわけではないのである。ここでは、音響的近代（sonic/acoustic modernity）と民族誌的近代（ethnographic modernity）とは、それぞれ声と未開社会を保存の対象として捉えるエートスが媒介する時代を指すことばである。(1)

本章では、近代のエートス、すなわち「保存文化」（Sterne 2003）が、声を録音すること、未開について語ることを可能にした点を論じたい。わたしは技術が先行し、人間の経験を形作るとは考えておらず、歴史のなかの文化が技術の隆盛を可能にする条件を提供しているにすぎない、

という視点から論を組み立てている。(2)

この視点は古い人類学的発想をもとにしている。サーリンズ(Sahlins 1975 : 129-130)は、ボアズと『経哲草稿』時代の「若き」マルクスとを同列で高く評価するという、通常のマルクス主義者たちからは、異端と目されてもしかたがない主張をしている。サーリンズによれば、ボアズは「視覚とは伝統の産物」であると、またマルクスも「人間のどの社会においても、自然とは歴史的概念」であると述べているという。ボアズや「若き」マルクスの論点は、モース(Mauss 2006 [1935])のいう身体とは歴史内存在であるという身体技法論ともぴったりと重なる。ボアズ、「若き」マルクス、そしてモースの三者とも、感覚や身体が、歴史の外に存在しているのではなく、つねに歴史の内部で形成されていることを指摘している。感覚や身体の歴史とは、社会の歴史なのである(cf. Taussig 1993 : 70)。声を録音することも、同じように歴史の内部にあるわけである。

2　録音資料とその評価

初期の米国民族学の成果には、昔話、スピーチ、儀礼にともなう歌や音楽など多くの録音資料が含まれていた。たとえば、一八八〇年代末には、クッシング(F. H. Cushing 1857-1900)がすでにズニだけではなく、アパッチやナヴァホの音楽を録音していたのではないか、といわれている。また、八九年クッシングがヘメンウェイ南西部考古調査隊長を辞任したとき、ハーヴァード大学の動物学者であり先住民社会に興味をもっていたフュークス（J. Walter Fewkes 1850–1930）が後任となったが、フュークスもパサマコディやズニのスピーチや音楽を円筒四〇本に録音している。一九〇三年には、アルフレッド・クローバーはモハビ・インディアンのスピーチや歌を録音しているし、カリフォルニア大学医学部のウォーターマンは、一九一一年から数年をかけて「最後のカリフォルニア・インディアン」といわれたイシのスピーチや歌を、約四〇〇本の円筒録音に残している。

これらの先駆者たちのほかに、それまで音楽とは認められていなかった先住民音楽を体系的に録音したのは、アリス・フレッチャー（Alice Fletcher 1838–1923）である。彼女は一八九五年シリンダー録音機（エディスン・フォノグラフ）を購入し、やがてオマハ保留地で録音を開始する。それ以降一〇年間、調査助手であったフランシス・ラフレッシュとともに約九〇曲を円筒（シリンダー）に録音した。アメリカ民族学局に就職したフレッチャーは、その後自宅をワシントンDC市に購入し、政府に陳情にやってくる北米先住民たちを自宅に招待しては、そこで録音をおこなっている（Mark 1988）。いわばスタジオとして、自宅を利用していたことになる。フレッチャーの仕事に共鳴したフランシス・デンズモアは、一九〇八年アメリカ民族学局のホルムズ（William H. Holmes 1846–1933）の支援のもと、コロンビア・グラフォフォン録音機を利用し、オジブウェやダコタ州スー保留地でフィールド録音をおこなう。彼女の調査地での手法は、一曲につき二五セント支払い録音をするというように、当時の人類学者たちが現地での人間関係を重要視し、金銭による情報の提供を嫌っていたのとは好対照をなす。また、彼女は地位のある先住民たちとしか交わらなかったという。その反面、彼女は自らの資料がきわめて人工的状況において収集されたことに対して、充分に自覚的であったことも確かである。

驚くべきことに、これらの録音資料については、フィールド調査の倫理や民族誌記述の認識論をめぐる一連の議論とは逆に、これまでほとんど論じられることはなかった。その理由は、いくつか考えられる。既述した例に限定すれば、まず、録音資料を残した先駆者たちやその後により体系的に先住民音楽を録音した調査者たちが、アメリカ民族学局の関係者であったという理由がある。当時急速に大学内部へと制度化されていった人類学を学び始めた者にしてみれば、アメリカ民族学局に雇用された調査者たちは傍系であり、悪くいえば、いまだに「アマチュア」にすぎなかったのである。

次に、人類学理論内部での変化がある。一九三〇年代には文化は「断片やつぎはぎだらけ」という（ローウィらが主張していた）イメージは批判され、文化を全体として把握することが、すでに人類学の目標となっていた（Benedict 1989 [1934]; Sahlins 1975: 102-103）。デンズモアたちは、音楽という断片化された資料がどのように文化の全体像へと連結されうるか、という理論を持たないまま収集をおこなった。先住民社会を見る視点の変化が、録音資料の資料性についての考察を遅らせてしまった第二の理由である。

北米の文脈を離れても、人類学においては録音資料が従にすぎず、民族誌記述が主であるという見解は一般的であろう。だが、この見解を一般的なもの、つまり暗黙の了解として成り立たせているのは人類学が歩んだその後の歴史にすぎない。歴史によりドクサと化したその見解を根底から問い直す必要がある。なぜなら、学問内部にすらドクサと化した見解が存在し、それがいま起きている先住民たちの運動に対する人類学者側からの反応を規定しているとすれば、そのドクサを明るみにだすという批判は、きわめて人類学的作業となるのだから。

3　近代のエートスとしての「保存文化」

声の録音と「未開社会」を記述する民族誌がともに近代に生まれたのは偶然ではない。録音技術はそもそも音楽を録音するために開発されたのではなく、その初期（一九世紀後半から二〇世紀初頭）のエディソンによる宣伝文句や利用のされ方からも分かるとおり、「死者の声」を保存することを目的としていた（Sterne 2003：289）。後期ヴィクトリア朝時代の英国や米国は、死に憑かれた社会であり、死を特定の場所において管理すること――すわなち、沈黙させること――ができなかった社会であるという。その証拠に、この時期は大規模な墓地が建設され、中産階級も労働者階級も立派な葬式を出すことを誇りに思う時代であった（Sterne 2003：291）。

一八九〇年前後のフロンティアの終結や一八八七年のドーズ法制定以降、アメリカ民族学局の使命は「救済人類学」であったといえる。つまり、文字どおり死に絶えつつある先住民社会を記録に残すことだった。メディア史研究者であるスターン（Sterne 2003：332）は、次のようなたいへん興味深い指摘をおこなっている。この時代の保存文化は、死後にも参照できるように声を録音するという技術だけではなく、缶詰作製や死者を保存するための防腐術をも可能にした、と。(3)

ここでスターンの指摘をさらに延長し、アメリカ民族学局の録音作業だけではなく、民族誌記述一般をひとつの技術とみなし、それも保存文化のもとに可能になったということを指摘したい。その指摘の妥当性を確かめるためには、両者の類似点を考えてみる必要がある。(4)

第一の類似点は、後期ヴィクトリア朝英国や米国を支配していたエートスが保存文化であり、そのエートスが技術の発生を条件づけたとするのなら、これらの技術すべてにその痕跡が存在するはずであることだ。まず、録音機械である「フォノグラフ」は、語源をたどれば、音(phono)と書くこと(graph＝writing)という語の組合せである。写真は「フォトグラフ」であり、それは絵(picture)と書くこと(graph＝writing)との組合せである。同様に、民族誌である「エスノグラフィ」は、民族(ethno)と書くこと(graph＝writing)からできあがっている。これらは、すべて一過性のもの、消え去るものを書き留めるという発想をもつ技術だといえる。日本語にもなっている「レコード(record)」ということばは、そもそも「(証拠として)書き残す」ことを意味していることからも、録音技術と民族誌記述の距離はきわめて近い。

もちろん、ここでわたしの関心をひくのは、民族誌のほうである。民族誌記述の性質について最初に深い考察を試みたのは、ギアツ(Geertz 1973：20)であろう。民族誌記述は「消滅しつつある状況(perishing occasions)から語りにおいていわれたことを救済し、再度参照可能なかたちに固定する」作業であるというのが、彼の有名な見解である。人類学では、繰り返し参照されているギアツのこの明快なことばと、アメリカ民族学局のおこなった救済人類学の仕事を語ることばとの間には驚くほどの類似が存在する。たしかに、消えゆくのは「状況」であり民族ではないが、それでも死滅と保存の修辞が、このギアツのことばを支えている。ここでわたしは、近代のエートスである保存文化が、人類学の実践を反省的に語ろうとするギアツの思考をも拘束している、と主張したい。

第二の類似点は、仮に声の録音と民族誌の記述が両者とも近代のエートスである「保存文化」によって可能になったのなら、これまであげた例のほかにも、多くの記録が残っているはずだということである。タウシグ（Taussig 1993：199）は、旅行記やドキュメンタリーなどのなかにある、現地の人びとが録音された声に異常な興味を示しているという記述の多さに着目している。たとえば、エンジニア、外交官兼アマチュア民族誌家R・O・マーシュ（Richard Oglesby Marsh 1883-1953）はクナの住むダリエン地域へ「白いインディアン」探求の旅にでかけるが、そのとき持参したヴィクトローラがクナとの親睦を深めるために大きく貢献したことを書き残している。フラハーティ（Flaherty 1922）のドキュメンタリーでも、ナヌークは声が蓄音器から流れ出すのを聞き、驚きのあまり、レコードにかじりついてきたことなどが記録されている。第一章で言及したイシも、蓄音器から流れるオペラ歌手エンリコ・カルーソーの声に魅了されたという（Riffe and Roberts 1992）（だが、イシを魅了したのは、カルーソーの声ではなく、その声が聞こえてくる箱のほうであったかもしれない）。

タウシグは、「二〇世紀の『未開人』についての記述のなかでは、その周囲の状況に蓄音器が含まれていることが驚くほど多いため、問われなければならないのは、他者がこの機械に魅了されていることについて、どうして西洋人が異常なまでにこだわるのか」だという。タウシグにとって、録音機（や蓄音器）はミメシス的機械であるが、その複製技術がもつミメシス能力を正当化するには、動物や「未開人」が不可欠になっているからだというのが、彼の答えである。ミメシスとは無媒介的に他者になることであり、技術は近代が失ったミメシス能力を再生する（W. Benjamin, cited in Taussig 1993 : 210）。このタウシグの見解とは異なり、わたしは、複製技術というよりも、失われつつある声を保存・回復するのがミメシス的機械であり、未開とミメシス機械との隣接状況を描写する西洋人の民族誌記述もまた、そのような状況からミメシス性を保存しようという技術、すなわち保存文化が可能にした技術の結果なのである、と主張したい。

4　おわりに――現在をどう語るか

音響的近代と民族誌的近代とは、同時代の別の領域を示す概念であった。本章では、両者をともに近代のエートスである「保存文化」が可能にした技術として捉えることを提唱した。なぜ、そのようなことをしたかといえば、これまで録音がたどった歴史を振り返れば明白だが、音の保存は新しい音の再創造に直結するようになったからである。本章では録音と娯楽との関連については述べなかったが、サンプリングなどによる音源の再利用をとおした創造は、音楽産業では日常化している。

ここでわたしの関心をひくのは、類似した現象が、先住民たちの声にも起きていることである。たとえば、一九四五年に創設されたインディアナ大学の民俗音楽アーカイヴを訪れる先住民たちの数は近年増加しているという。また、一九八〇年代初頭には、あるオマハ先住民運動家デニス・ヘイスティング（Denis Hastings）は議会図書館に残されていたフレッチャーとラフレッシュが収集した円筒録音を聴く機会をもった。そこには、部族内ではすでに忘れられてしまった歌も多数あったことを発見している。これらの声は、収集された歴史状況を超え、現在の生きたオマハ文化の再活性化へと結びつけられた（Sterne 2003：331）。

民族誌においても、同様のことが起きている。これまで民族誌はライティングの特性として、それが書き上げられた時点で時間・空間的制約を離れ、ひとつの終着点を示すと考えられていた（太田　二〇〇四）。それは、娯楽音楽のレコードとは大きく異なり、流通を前提にしてはいない（Wehiliye 2005：24）。だが、このような状況は確実に変化しつつある。

いまでは専門家たちによってしか読まれることがない数多くの救済人類学的民族誌は、研究対象となった人びとの手により生き返り始めている。その実例については、他の場所でふれてあるので、ここでは繰り返さない（第二章参照；太田　二〇〇五b）。ただ、結論として、次のようにいえるだろう。声の録音技術と民族誌記述は、近年思いがけない再接近をしているように見えるかもしれないが、両者とも同一の近代のエートスによって可能になった技術にすぎないのであれば、むしろその親近性がいままで隠蔽されてきたことが不思議なくらいである、と。

本章の出発点には、あくまでも感覚の歴史と人類学との交差点がある。すなわち、音と民族誌の両方を保存文化という近代のエートスのなかで捉える試みである。その結果として、現在の先住民文化復興運動における録音や民族誌のはたす役割に注目した次第である。だから、本章の結論部だけが一人歩きし、いま流行の「現地に知識を還元する実践人類学」の立場表明へと読み替えられては困る。そのような立場を主張する論者は、しばしばここでわたしが展開した論など、難解でアカデミックな議論で、社会と隔絶したエリート主義の産物、すなわち実践ではなく理論にしかすぎないという批判を同時におこなうことだろう。

そのような論者たちは「現地の人びとを助けている」という自己満足で、自らの立場の正当性を担保しているようである。(5) だが、その代価とは何だろうか。それは、実証主義がひとつの理論であることを認めず、現状を成り立たせているドクサをその根源から批判する力を自ら放棄してしまうことではなかろうか。現状を肯定していては、これからくる世界を想像することすらできない。ドクサをその根底から考えなおす作業が難解なのは、当然のことである。

一九三四年、ベネディクトは『文化のパターン』の最後に、次のように書き記している。相対主義に根ざした人類学は、「すでに定説と化した見解に挑戦し、そのような見解を受け入れてきた人びとに対して、強烈な不快感を与える」と。ベネディクトが考えていた文化人類学の精神については第八章において詳述するが、ここでもわたしは、その精神を継承してみたつもりである。

第七章　ネオリベラリズムが呼び起こす「人種の亡霊」

――グアテマラの未来に残るテロルの痕跡

1　はじめに

　ヴァルター・ベンヤミン（一九九六b：三〇〇）によれば、物語作者《ストリーテラー》のもっていた技術とは、「話をさらに語り伝える技術」である。話は、時代を超え、場所を超えて語り継がれるもの。新たな時代、新たな場所のなかで、生まれ変わろうとする物語は、ある時代、ある場所に根ざした経験の殻を破る力をもっている。文化人類学の内部ではいまでは意識する人も少ないかもしれないが、民族誌家は物語のもつその力の再生を手助けしているのだ（Taussig 2006：62）。だから、民族誌家は了解済み、既知のことを口にする前に、躊躇し、予期せぬ出来事の前に驚き立ち止まるのである（Clifford 2000：105）。

　グアテマラ北西高原に住むカクチケル語系マヤの人びとから聞いた「(さば折り）牛男（Q'ajoy iy）」の話（カクチケル語の Q'ajoy iy を直訳すれば、「背中を折り曲げる人」という意味）(1)。その話の一部は、次のようなものである。チマルテナンゴ県サン・マルティン・ヒロテペク町の近くに、ラディーノが経営する牧場があった。ある日、その牧場の管理人は、牝牛を孕ませた。やがて生まれてきた子供の体は人間、だがその顔は牛そっくり。この半獣人は、長じて、怪力を発揮するようになる。そこで、牧場の経営者は、この男の力を利用して、近隣のマヤを皆殺しにしようと、牛男に鉄の鎧をつくってやった。牛男は、モンタグア河沿いにある大きな洞窟を棲家（rujul q'eq）にし、その怪力で周辺のマヤを「さば折り」にして殺し始めた。いまも実在するこの洞窟は、キチェの人たちが住む土地へと通じているといわれている。牛男は死体をその穴に持ち込み、キチェの地に行って人肉を売っていたらしい。人びとが殺され、困り果てていたとき、あるカクチケルの男が一計を案じ、この牛男を退治することになる。

　男がとった方法とは、まず、妻に肉とトルティヤをたっぷりと用意させた。牛男は、昼食時の食事の匂いをかぎつけてやってくるからだ。さらに、タバコを清め、催眠作用をもたせた。それらをもって、村から遠く離れた耕作地へと向かった。昼食の準備をしていると、その匂いにおびき寄せられて牛男がやってきた。まず、「肉を食わせろ」と要求するので、一緒に食事をする。男はすぐにタバコをとりだし吸い始め、その煙を牛男の顔に吹きかけた。牛男は、眠くなり、思わず、頭を下げ、船をこぐ。牛男の頭が下がり、鉄の鎧に覆われていた首に隙間ができた。その隙間めがけて、男は斧を振り下ろした。これが、牛男の最期となる。

　グアテマラでは、牧場主や牧場の管理人はラディーノである。この話は、少なくとも、国内の緊迫する「人種」[2]関係――つまり、ラディーノから向けられる暴力に戦くマヤの人びとの恐怖――が前提にある。牛男の話をしてくれた別の人は、「農場経営者が牛男に鎧を与え、マヤを皆殺しにしようとしたのは『暴力《ラ・ビオレンシア》の時代』に軍がわたしたちを殺そうとしたのと同じだ」と、つけ加えた。

　この話は、物象化された他者性の一例にすぎないのかもしれない。だが、それはグアテマラの政治状況と意外なかたちで節合している。本章では、グアテマラ社会のここ二〇年間における経済・政治的変容――具体的には、経済ではネオリベラリズムの導入と構造調整、政治では和平合意以後の多文化主義国家形成プロジェクト――をとおして可視化されたラディーノとマヤとの関係を媒介する人種の亡霊の存在を指摘したい。「人種の亡霊（ghostly presence of race）」は、過去が、グアテマラの未来にとり憑き、その姿を現す[3]。

2　グアテマラの経済・政治の変容と和平合意

　一九八〇年代から他のラテンアメリカ諸国と同じように、グアテマラもインフレーションに見舞われ、債務負担に苦しんでいた。そのためアメリカ合州国、世界銀行、国際通貨基金（ＩＭＦ）の指導で導入されたのが、構造調整とネオリベラリズムとをカップリングした対応策（経済学者Ｊ・ウィリアムズによって提唱された「ワシントン合意［Washington Consensus］」）である。構造調整は、負債返済用の財源を捻出する目的で、国有企業の民営化、公共投資や社会保障など公共支出の抑制、公務員の削減を意味した。ネオリベラリズムは、規制緩和による外資の誘致や貿易の自由化、徹底した市場経済原理の導入で、経済に活力を取り戻すというものだった。インフレは抑制され、経済成長率も回復するが、その反対に貧富の格差は広がり、貧困問題はより深刻になった。

このような経済的変化のなかで、一九九〇年代中盤から継続していた一連の和平交渉が、九六年末にようやく最終合意に達した。憲法改正を中軸にすえ、いくつかの合意項目があるなか、政治的にみてもっとも重要なことは、先住民のアイデンティティと権利を認め、グアテマラを多民族、多文化、多言語の国家として規定することであった。この和平合意は、国内の社会運動によって積極的に導きだされたというよりも、「国際社会の主導による」(Seider 2007 : 217) ものだったともいわれている。(4) グアテマラの多文化主義は、国内の制度的バックアップが未整備のまま、スタートしたのである。

一方において、グアテマラが多文化主義を標榜し、民主化を進めるとき、他方において、構造調整とネオリベラリズムの導入は、貧困をより深刻にし、治安を悪化させる。これは、グアテマラ固有の現象ではなく、類似の状況は、ポストアパルトヘイトの南アフリカでも起きている (Jonas 2000 : 221 ; Ashforth 2005 ; Comaroff and Comaroff 1999)。(5) グアテマラでは、和平合意後の治安の悪化や貧困の蔓延が、市民生活にさまざまな影響を与えている。

そのなかでもとくに貧困に大きく起因するのが、青年ギャング集団（マラス［maras］）の横行である。バス乗客に対する強盗、バス所有者や運転手への恐喝、ドラッグ売買に関わる抗争、首都近郊の小規模商店主に対する「みかじめ料」請求から、対立するギャング集団――マラ一八とサルヴァチューラ――同士による刑務所内での銃乱射・乱闘事件まで、連日マスコミに報道されるようになっている。さらに、青年ギャング集団だけではなく、それを取り締まるべき警察もすでに内部から腐敗し、制服姿の現職警察官が、家宅捜索状を偽造し、強盗を働く事件すら起きている。市民が国家に対して期待する生活の安全確保すら、おぼつかなくなっている。

和平合意に基づき、一九九九年五月国民投票がおこなわれた。そこで争われた五〇ほどの案件には、マヤが自らを村落ごとの慣習法によって自己統治することを可能にする改憲項目も含まれていた。[6] 国民投票では、憲法改正は否決されたが、その後も慣習法による処罰の正当性を争う裁判が起きている。[7]

こうして、外部から誘導されたという評価があるにしろ、多文化主義化したグアテマラでは、マヤ先住民たちの政治的主張が以前よりも響くようになった。これまで無視することができた先住民たちの声は、そう簡単には無視できなくなったことに、ラディーノたちは危機感すら覚えているようだ。マヤとして国民になろうとする先住民たちの主張を聞くラディーノたちには、先住民からの主張は、記憶の回帰をともなった恐怖として聞こえる。つまり、「野蛮なインディアンが叛乱を起こし、われわれラディーノを殺すのではないだろうか」と。[8]

3　マヤの「野蛮さ」とマヤの正義――慣習法による処罰とリンチ

二〇〇五年ころから、チマルテンナンゴ県下の一寒村にも、青年ギャング集団が出没するようになった。村へと通じる幹線道路上では、バス乗客を襲う強盗もあった。村の青年たちはロンダ

(Comité de Seguridad) を組織し、毎晩村の周囲を警戒することにした。なかには、目出し帽(tzatz') をかぶり、黒いジャンパーを着ていた者、ライフルを携帯している者もいる。

二〇〇五年一〇月のある晩、深い盆地の底にある村では、携帯電話は木の上に登らない限り、利用不可能だった。けれども、一年ほど前の〇四年中ごろ、一九九九年まで軍の駐屯地があった丘の上に二本の大きなアンテナが立ち、いまでは村の中でも電波が届くようになった。その夜、一〇時過ぎに、車体に携帯電話会社のマークが入ったピックアップ・トラックが一台、村の中央を通り抜け、アンテナのある丘を目指していた。ちょうど、丘から村の中央へと向かうところだったロンダの一行と、墓場の前の道で出会う。ロンダは、そんな時間にピックアップに乗って村を走る連中は、青年ギャング集団に違いないと速断し、空に向け三発発砲した。と同時に、村人に知らせるため、笛を吹き鳴らす。後日明らかになることだが、トラックの荷台には、アンテナの修理に利用する物なのか、部品らしい鉄棒が乗っていたという。

この発砲と笛に驚いた車は、すぐに反転、一目散に村から逃走した。ロンダはこのできごとを通報しようと、村の駐在所に駆けつけた。二名いた警察官のうち一人は、笛の音を聞いて、すぐに逃走した後だった。もう一人は、ドアの外のロンダの声に眠りから覚めたという顔をしていた。ロンダの一行は、警察の対応があまりにもだらしないので、残された警察官に詰め寄った。身の危険を感じたため、警察官と村の判事 (juez) は、その夜のうちに一〇キロメートルほど離れたテクパン町へと避難した。新聞はこの事件を、すぐさま報道し、見出しには、「無法地帯」ということばが踊っていたという。この事件があった二〇〇五年一〇月から〇六年二月まで、村には警察は不在となる。[9]

このできごとからしばらくして、青年ギャング集団のメンバー三人が捕らえられるという事件が起きた。日曜日の午後、村から五キロメートルほど離れた小さな集落へと通じる道から、三人の若者たちが村の中央に向かって歩いてきた。大声をはりあげたり、二の腕に刻まれた刺青を自慢したり、とにかく尋常な雰囲気ではない。驚いた住民から連絡を受けたロンダはすぐに集合し、三人を捕まえた。どうやら、三人はドラッグによる幻覚を起こしていたらしい。数日のうちに、ロンダの長（juicio maya）は少年らの父親の了解を得て、村の警察が監獄として利用していた場所で、鞭打ち（ch'ayonik）五〇回の刑を執行した。その鞭打ち刑は、かなり壮絶をきわめたようで、その後青年の一人は首都の病院に入院したという。[10]

村びとたちは、村の慣習法による処罰を賞賛している。数年前、近くの集落で自転車強盗を働いた少年たちが捕らえられ、村の広場に連行され暴行を受けた事件が起きた。駐在たちの必死の介入で、暴行がエスカレートすることはなかった。だが、強盗のひとりは首都にある人権団体にこの事件を訴えた。裁判所はこの訴えを受け、集落の男性たち全員に、ひとり当たり八〇ケツァル（約一二〇〇円）の罰金を科した。

これは「リンチ事件」である。けれども、村びとはこの事件を引き合いに出しては、「警察や人権団体は、泥棒たちをかくまったりするだけだ。被害にあったわれわれは、どうすればいいんだ」と、治安が確保されない社会への憤りを訴えている。

リンチと、ここでいう慣習法による処罰とは、まったく異なるはずだ。[11] なぜなら、村びとたちが、犯罪に対して正義を主張することができず、その無力さが引き金となり暴力が発動されるのがリンチであり、そのような暴力の発動を未然に防ぐだけではなく、再び犯罪者の共同体への参加を許すのが慣習法による処罰であるからだ。国家権力が治安の不安定に対して、効果的対処方法を提供できないどころか、違法行為の取締りをすべき立場の警察が、平然と違法行為を犯す社会において、先住民たちが自らの生活空間を律する要求が、慣習法による処罰である。

だが、慣習法による処罰（justicia maya, justicia communal）がマスメディアで報道されるとき、そこに映し出される光景は、次のような先住民たちの姿である。髪を男性のように短く切られた女性。鋭角な角をもつ小石やガラスのかけらを敷き詰めたゴザの上に、二〇キログラムの砂袋を背負わされ、正座する男性。野原に跪き、背後から鞭打ちを受ける若者など。先住民たちの前近代性、非人道性を強調する処罰のシーンは、リンチと質的な違いはないものとして、扇情的に伝えられている。ラディーノたちは、このような報道に驚くと同時に、「インディヘナ（indígena）は、こんなものだ」と、すぐに納得する。市民社会を律する法（civil law）による統治がマヤの慣習法によって代替されると、そこには自らの司法制度のもとに生きる先住民がいるのではなく、国家による統治が不能な人びと、すなわち「統治不能な先住民」という印象だけが残るのである。(12)

4　「蜂起する先住民」と「皆殺しをもくろむラディーノ」
——人種化された亡霊

「統治不能な先住民」は、グアテマラの歴史にはしばしば登場した（Handy 1989：192）。たとえば、グアテマラにおける一九世紀末から二〇世紀初頭にかけての（リベラル）政権は、先住民を管理するために、軍や武装民兵組織の暴力に依存した。その結果、ラディーノは先住民が暴力に訴え報復するのではないか、怖れをなすようになった（Handy 1989 : 192）。

実際に、先住民の蜂起とよばれる事件は、グアテマラ全土でいくつか起きている。[13] これまで紹介してきた話に関連する地域でいえば、チマルテナンゴ県パッシア町で起きた事件が有名である。[14] 一九四四年一〇月二一日、先住民が一四名のラディーノを殺害したが、反対に軍とサラゴサやアンディグアから駆けつけたラディーノ自警団によって数百名が殺されるという惨劇を生んだ。この事件の政治・経済的原因を詳述するための紙幅に余裕はないが、この事件について詳細な分析をおこなったアダムス（Adams 1990 : 159）によれば、ラディーノ側からの過剰反応とでもいえる行動には、「先住民は暴力によって管理するしかない」、という植民地時代から継続している（慣習化した）意識が大きく左右したという。[15] アダムス（Adams 1990 : 159）は、先住民を統治するとき暴力に訴えることが不可欠であるというラディーノの考えは、歴史を超え、深い感情の構造を形成し、内戦における「マヤ民族の虐殺」は、それによって初めて可能になったと述べている。

一方において、日常的に暴力による支配を受けている先住民は、ラディーノを怖れる。その恐怖は、内戦において現実となった。「牛男」の話からも、先住民たちのラディーノに対する恐怖の片鱗を読み取ることができる。他方において、ラディーノは暴力をもって先住民を統治しなければ、先住民は暴力に訴え報復するのではないだろうか、という恐怖心をいだく。

わたしには、この両者の生活するグアテマラ社会の様子が、タウシグ（Taussig 2002a : 233）の語る二〇世紀初頭コロンビア・プトマヨのゴム採取業者たちとインディアンたちの両方を囚えていた「テロルの文化」――想像力の産物が事実として生きられること（fiction taken as reality）から生まれる恐怖が支配する世界――に支配された世界と、きわめて類似しているように思われてならない[16]。

5　おわりに

構造調整やネオリベラリズムの導入は、グアテマラ経済を安定化した反面、貧富の格差を増大し、治安の悪化を招いている。国家が安全を保障しないため、市民は個別の対応を迫られる。慣習法による処罰は、そのような反応のひとつであろう。自らの生活空間を管理しようという意志の現れにすぎないにもかかわらず、同時にこれまで堆積してきた「蜂起する先住民」の記憶が亡霊のように回帰し、「統治不能な先住民」という恐怖のイメージをつくりだす（Adams 1990；Handy 1989）。

和平合意を受け、民主的国家建設に向けて多文化主義を標榜するグアテマラでは、先住民たちの政治主張が許されるようになった一方で、そのような状況に対してラディーノたちから、次のような反論がある。つまり、「グアテマラではこれまで差別があったかもしれないが、いま国民がようやくみな平等であると言い始めたとき、自分たちはマヤだと主張するインディヘナは〔ラディーノに対して〕逆差別をしているという意味で矛盾している」と[17]。ラディーノは逆差別の論理を振り回しているにすぎないのかもしれない[18]。だが、逆差別という論理の矛盾だけが問題なのだろうか。わたしがいいたいのは、このようなラディーノからの反論は、過去から生まれた「人種の亡霊」が未来のグアテマラ社会にとり憑いていることを示している、ということである。亡霊に怯えているために、見えない未来があるのだ。

さて、二〇一二年は、マヤ暦第五番目のミレニアムにあたる「一三バクトゥン」が終わる年である[19]。チマルテナンゴのいくつかの村の人びとの間でも、これが話題になることがあった。〇五年の夏、マヤ司祭（ajq'ij）のひとりエミリオは、次のように話してくれた。「〔カクチケル最後のリーダーだった〕『カヒィ・イモッシュ（Kaji' Imox）』が、数年前に生まれ変わった』という話を聞いたことがあるかい。ぼくは、そのままは信じない。彼のような指導者が生まれたという意味だと思う。とにかく、グアテマラも大きく変わるときにきているということだ」と。具体的に、どんな変化があると思うのか、とさらに訊くと、「たとえば、マヤの大統領が生まれてもいいころかもしれない」と、意外なほど淡々とした表情でつけ加えた[20]。

二〇〇七年九月の大統領選挙に向け、二月にはリゴベルタ・メンチュウも新党を結成し、立候補を表明した。いまだ目立った支持を獲得しているわけではない[21]。だが、数年前までグアテマラではマヤ女性の大統領候補など、想像できなかったことに比べれば、彼女が立候補した事実すら驚きに値する（あるカクチケル語系先住民村での集会で、キチェ語の挨拶の後、すぐに「わたしは、マヤの女性であることを誇りに思っています。また、グアテマラ人であることにも、同じように誇りをもっています。それにも増して誇りをもっているのは、この女性〔メンチュウ自身のこと〕が、息子や娘たち、わたしたちの民族のため、これまでとは違った未来を創るための小さな道をつける役目を負っていることです」と、述べている)。

「道」という概念が共同体生活において中心的役割を果たしている。共同体で生活することとは、個人の道がひとつにまとめあげられることだという（McAllister 2003：124）。とくに、その仕事をする人が、「指導者」と呼ばれる。[22] メンチュウのその集会での演説は、このローカルな概念を近代国家グアテマラの政治へと節合させている。

二年以上前にマヤ司祭エミリオから聞いた、マヤ暦に呼応するかのように再び生まれたカクチケルの指導者がいるという話は、物象化された他者性の一例にすぎないのだろうか。それとも、マヤ文化についての知識体系と近代国家の政治状況とを節合し、マヤ文化をとおして過去とグアテマラの未来とを結びなおす創発的《エマージェント》（emergent）発想なのだろうか。[23] わたしには、「牛男」の話と同じように、エミリオの話をどう受けとるかという疑問をとおして、これからの文化人類学の可能性が試されている気がする。

第八章　ルース・ベネディクトと文化人類学のアイデンティティ

――『菊と刀』から『文化のパターン』へと遡行する読解の試み

1　はじめに

ヴァルター・ベンヤミンの著作には、文体や思考の不透明さとそれゆえに読者の想像力を刺激してやまない論考が多い。そのなかの一篇「翻訳者の使命」では、翻訳者の使命とは「異質な言語の内部に呪縛されているあの純粋言語をみずからの言語のなかで救済すること、作品のなかに囚われているものを改作のなかで解放すること」であると述べられている（ベンヤミン　一九九六c：四〇七―四〇八）。謎めいた響きをもつ文章であるが、すでに了解済みという烙印を押され、いまでは顧みられることがなくなってしまったテクストと対峙するとき、ベンヤミンのこの神秘主義的なことばは、明確な方法論へと変貌する可能性を秘めている。その方法論は、現在では理論的影響力を失い、その意義は歴史資料という以外には見出せない「過去となってしまったテクスト」のなかに、再び生命を見出し、それを次世代へと継承する（広義の）「翻訳」作業をおこなう者にとって、示唆するところは大きい。

本章で過去となってしまったテクストとして取り上げるのは、ルース・ベネディクト（Ruth Benedict 1887-1948）の『菊と刀』（Benedict 1974［1946］）と『文化のパターン』（Benedict 1989［1934］）の二冊である。「過去となった」という評価は、両方のテクストが著名な文化人類学者の著作として現在でも立派に流通しているという事実に反するという見解もあろう。(1) けれども、文化人類学とは何かという問いへの解答が、いまでは論争の対象になっている時代である。そんな時代にあっては、『菊と刀』がいかに「日本文化論」というジャンルにおいて正典（canon）であるにしても、文化人類学の正典でもあるという見解に対しては、多くの文化人類学者からそう簡単に賛同は得られないはずである。

たとえば、B・マリノフスキー（Branislaw Malinowski 1884-1942）と比較すると、両者はほぼ同時代の文化人類学者であり、両者ともこの学問の啓蒙に尽力した。理論的貢献として、マリノフスキーの機能主義とベネディクトの形状主義（configurationism）は、多様なデータをまとめあげるというその方向性も一致している。(2) 大きく異なっているとすれば、一方においてマリノフスキーは「フィールド調査の創始者」として神格化されているが、他方においてベネディクトのフィールド調査についての評価は低いという点である。(3) そのため、マリノフスキーの陰で、ベネディクトの存在感は希薄である。(4) 本章は、現在、学問自体のアイデンティティが問い直されて久しい文化人類学において、ベネディクトの想像していた「文化人類学の精神」とでもいうべきものを、この学問のエッセンスとして甦らせようという試みである。(5) いうまでもなく、ベネディクトの思想にはすでに有効性を失った部分も少なからずある。そのことは充分に承知しているけれども、彼女が文化人類学のなかに込めた精神は、現在でも救済に値し、再確認される必要がある、とわたしは考えている。まず、その理由を明らかにしなければならない。

2　フィールド調査なき文化人類学

文化人類学は、「フィールド調査の学問」として自己提示してきた。いわば、マリノフスキーが積極的に表明した学問のアイデンティティに依存しているといっても過言ではない。文化人類学者たちの間では、フィールド調査は通過儀礼だとさえいわれている。フィールド調査未経験者は、いまだ一人前の文化人類学者ではないというわけだ。フィールド調査と文化人類学を同一視する考えには、現地にさえ行けば、対象社会を理解することは誰にでも可能であるという前提がある（しかし、フィールド調査とは何か、現地に行き何を調査すれば、対象社会の理解に結びつくのか。対象社会とは、いったい何か。考えれば考えるほど、疑問は増えるばかりだ(6)）。

ベネディクトは、フィールド調査の重要性を認めつつも、その結果と文化人類学的知識とを同一視しない。一方で、マリノフスキーが膨大に集積する情報に秩序を与えることに腐心し、その情報の客観性について疑っていないのに対して、他方で、ベネディクトはフィールド調査での情報の客観性の根拠とは何かという疑問をも同時に考察している。つまり、その情報が対象社会の成員にとり、いかにして意味を持つようになるのか――いわば、対象社会での「解釈」の過程を想定している――について考えると同時に、今度は文化人類学者がその解釈の結果をいかにして

についても考慮に入れた視点の構築を目指している。文化人類学を特徴づけるのは、対象社会はなく、その知識を成り立たせている「枠組み」への反省——知識とは事実の生産であること——をも含めるという再帰性なのである。[7]

しかも、わたしたち日本人は、文化人類学に対して特権的位置にあるため、ベネディクトを甦らせる責務を負っているといえる。多くの読者は少なからず驚きをもって反応せざるを得ないであろうこの反直観的な発想のなかに、本章の方法論がある。デリダ（二〇〇七：二一四）は、マルクスとエンゲルスの『共産党宣言』の一文から、「亡霊」の持つ特徴として、その「反時代性」——あるいは、「同時代的なものの調節不全」——をあげている。[8] 時間が脱節してしまい過去から回帰する亡霊は、後続の者たちに相続することを運命づける。その相続は、デリダ（二〇〇七：二二九）によれば、所与ではなく、使命なのである。使命とは、後から来るものたちの責務である。もちろん、亡霊的なものを相続するとは、「ひとつならずのもの」（六〇）との対決である。何を、どのように相続するのかという疑問は、つねに相続する行為の一部になる。

こうして、わたしたちはベネディクトを相続する。『菊と刀』を読むときに、多くの場合、普遍的読者としてではなく「日本人」として、つまり『菊と刀』におけるベネディクトが研究者なら、まさに「インフォーマント」として、テクスト内部に位置づけられるからである。インフォーマントとしての位置づけを受けることは、ネガティヴな意味を持つとは限らない。文化人類学はインフォーマントがいなければ存在し得ないし、インフォーマントと研究者の位置関係さえ、本来互換性を持つ。その証拠に、(呼称には異論があるかもしれないが)「ネイティヴ人類学者」とよばれる存在が、いまでは珍しくなくなっている。現在、その関係が互換性を欠いているのは、歴史的偶然にすぎず、したがって変化する可能性は充分ある。

文化人類学の民族誌において、このような特権的読書経験が約束されている例は、その数は増えているものの、いまだに稀である。[9] いいかえれば、『菊と刀』に対する日本人論内の正典という了解済みの認識を改め、それを文化人類学のアイデンティティを開示しているテクストとして捉えなおせば、このテクストの読解をとおして、わたしたちはインフォーマントとして——繰り返すが、それはネガティヴな意味を持つ必然性はない——文化人類学への参加を要請されていることになる。『菊と刀』は、「日本人として」読書すること——すなわち、読書をとおしたナショナルな主体形成——を要請するというネガティヴな評価を下すべき書物ではなく、文化人類学入門へのきわめて稀な位置を提供している書物なのである。[10] それは、ベネディクトが第一読者として想定していなかったわたしたちに、その著者が予想すらし得なかった方向へと導く創造的作業に関与する機会を提供する(第一章参照)。

じつは、『菊と刀』を読み直すには、この書物を日本文化論というジャンルから解放するだけでは、不充分である。このテクストをそれが書かれた歴史という名の牢獄へと閉じ込めようとする力とも闘わなければならない。[11] なぜなら、『菊と刀』には、その副題——「日本文化のパターン(Patterns of Japanese Culture)」——が示すように、『文化のパターン』という先行テクストがあるからだ。極論すれば、『菊と刀』は、戦時情報局の活動していた時代の産物というよりも、

『文化のパターン』においてもっともはっきりと提示されたベネディクトの理論の応用にすぎなかったと考えることができる（太田　二〇〇三b：一一八）。したがって、『菊と刀』の読解は『文化のパターン』の読解を前提として初めて成立する。もし歴史がテクストの構成要素をなしているのならば、その歴史とは第二次大戦に限定されるべきではなく、ベネディクトが文化人類学を吸収し、それを精緻化する一九二〇年代から三〇年代にかけての世界をも含むべきではなかろうか。[12]

『文化のパターン』は、これまで「文化と心理的アプローチ」を示した書物、大雑把な精神分析の概念により対象社会をタイプ化した民族誌、後には国民性研究や（日本における）県民性研究の基礎を打ち立てた書物という評価が一般的であった。たとえ『文化のパターン』と『菊と刀』との両者において、その両者の関係が理論とその応用という関係にあると解釈されていたとしても、そこでいう理論は「文化とパーソナリティ論」に限定されてきた。[13]

ここでは、『菊と刀』と『文化のパターン』に連続性を発見し、この両者が文化人類学的知識の特徴とは何か、という問いへの解答を提供している書物として解釈したい。すなわち、それらの書物は文化人類学の学問としてのアイデンティティを示しているのである。

これまでその問いへの解答としては、文化人類学は「フィールド調査の学問」だということで充分であったのかもしれない。だが、いまではそれは満足のいく解答ではない。それどころか、文化人類学はステレオタイプ化され、批判され、誤解されている。たとえば、世界史の動向から取り残された「未開社会」に対してオタク的関心を抱く学問、植民地主義との共犯関係という歴史の刻印を負った学問、制度的・民族誌的権威の諸形態により自らの居場所を死守しようとする学問など（Clifford 2000 : 103）。これらの逆風を前にして、文化人類学とは何かという問いへの解答を、文化人類学者自らが模索する必要に迫られているという状況があるのは確かだ。

文化人類学に対して理解を示そうという人からも、この学問は「わかりづらい」といわれている。[14] だからこそいま、文化人類学者の方から時代の変化に対応した学問的アイデンティティを提供する機会が到来したと解釈し、逆風に向かってタックを切り、前進することも可能ではなかろうか。ベネディクトの伝記作者のひとりであるカフリー（Caffrey 1989 : 215）は、『文化のパターン』は二〇年代から始まる文化人類学のアイデンティティをめぐる闘争の産物だという。もしそうならば、同様に学問のアイデンティティが不透明になっている現在、大戦間期のベネディクトの仕事を現代に甦らせるための作業は、未来の人類学の姿を想像するためにも重要に違いない。少なくとも、『菊と刀』というベネディクトの代表作が現地調査の結果からは生まれなかったからこそ、その著作は「文化人類学はフィールド調査の学問」だという画一化されたアイデンティティには拘束されていないことになる。いま、ベネディクトの文化人類学について考察すれば、わたしたちは「フィールド調査の物神化」[15] から解放され、再び文化人類学のアイデンティティについて想像することが可能になるであろう。

3 『菊と刀』における文化概念

『菊と刀』は、ベネディクトが文化という概念をもっとも精緻に考察した書物である。[16] 文化という概念をめぐる論争を継続しながら、文化人類学という学問が進展してきたといっても過言ではない。たとえば、J・ピーコックは、「文化とは特定の集団のメンバーによって学習され共有された自明でかつきわめて影響力のある認識の仕方と規則の体系に対して人類学者が与えた名前である」(一九九三 [1986]:一一九)と、簡潔に述べている。ピーコックが学説史上、どのような系譜にある研究者なのか、その詳細を論じる時間的余裕はないが、そこには、ボアズ以来米国文化人類学において練り上げられてきた文化の定義が結晶化している、とだけ確認しておきたい。[17] ベネディクトはこの文化の定義と同様の考え方を、すでに『菊と刀』のなかで提示していたのである。

『菊と刀』は、「日本を日本人の国にしているものを扱った書物である」(Benedict 1946 [一九四八]:13 [一九])。[18] ベネディクトは、「フランスをフランス人の、ロシアをロシア人の国にしているもの」に関心を示している。国家単位で文化の境界を設定している彼女の主張は、ナショナリズムを無批判に再生産していると批判されてもしかたがないだろう。けれども、ベネディクトの目標は、国家と文化とを同心円で捉え客観的に描写することではない。彼女の関心は、後述するが、分析をとおして読者をそのような同心円から解放することにある。

日本という国を日本人の国にしているものが、日本人が持つ「生活の営み方に関する前提」(Benedict 1946［一九四八］: 13［一九］) なのである。[19] つまり、ある国民は「生活に関する根本的前提」を抱いており、当事者たちにとっては言語化する必要がないほど、それらは自明なのである (Benedict 1946［一九四八］: 19, 17［二六、二三］)。[20]「日本において予期されており、当然のこととみなされている習慣」には、当事者たちには暗黙のうちに受け入れられている前提が存在するのである (Benedict 1946［一九四八］: 16［二二］)。ベネディクト (Benedict 1946［一九四八］: 17［二三］) は、世界の国々の誤解が紛争や戦争を生み、それは国々の生活の前提への知識不足に起因するという (注5も参照)。

さて、ここでいう前提が、「文化」という概念である。日本の場合に限定すれば、日本文化とは、日本人が自ら行動するとき、暗黙の前提としている考え方――換言すれば、思考の枠組み――である。日本人の行動そのものが文化ではないし、ましてや日常的意味で流通している日本文化――たとえば、歌舞伎や能、最近ではアニメや「アキハバラ」――とも、大きく異なる。ベネディクト (Benedict 1946［一九四八］: 11-12［一七］) は、実際に観察される行動は、「お互いに何らかの体系的関係を持っている」と考えてもいたので、それらは「総合的なパターン」を形成するという。日本人の行動は、パターン化されているのだ。

とすれば、『菊と刀』の副題は、次のように言い換えることができる。日本人の行動は、他の社会に生活する人びとの日常と同じように、互いに関連づけられ体系化されており、いわば「生活のデザイン (design for living)」をつくりだす。そのデザインは、日本の文化が選んだものである。繰り返すが、行動のパターンそのものが文化ではない。行動がパターン化されるときの枠組みのほうが文化なのである。文化人類学者はパターンとして浮上した「生活のデザイン」を分析し、この枠組み――すなわち、文化――を導きだすのである。[21]

いま述べたベネディクトのいう「文化」概念の特性をはっきりさせるためには、日本文化を分析する際の方法論についても説明する必要がある。社会科学者が、ある社会の行動の体系を分析するためにまず思いつくのは、統計による手法であろう。だが、ベネディクト（Benedict 1946［一九四八］: 16［二三］）は、文化を分析するためには統計は不必要である、という驚くべき主張をしている。誰でも知っていることについて、何人もの人に聞く必要はないというわけだ。『菊と刀』では、「理想的な典拠（ideal authority）」は、心理学や社会学の専門家ではなく、「市井の人」――タナカさん――である（Benedict 1946［一九四八］: 16［二二］）。

次に、もし市井の人が理想的な典拠であるのなら、その人に自己分析をしてもらうという選択肢もあり得たはずだ。しかし、ベネディクトは、市井の人にとって自らの行動の前提はあまりにも自明なので、それをいちいちことばに出して解説などしないという理由から、この選択肢を排除する。たとえ、市井の人がそのような要求を承諾したとしても、『菊と刀』の第一読者に想定された人びと――アメリカ合州国の人びと――には、日本の市井の人がおこなう説明を理解できないかもしれない。そのような結果が生まれるのは、説明をおこなう日本の市井の人が、アメリカの読者たちの文化――米国社会の行動パターンの前提――について理解しないためである。文化人類学者がおこなう分析者としての仕事とは、まさにふたつの暗黙の了解に関係性を築くこと

——「二重の解釈」——なのである。

この分析者としての役目を説明するとき、ベネディクトは文化をレンズに、その分析者——つまり、文化人類学者——を眼科医にみたてている。[22] ベネディクトによれば、「ある国民(nation)が生活を眺めるレンズは、他の国民が用いるレンズとは異なっている。われわれが見るときには不可欠な眼球それ自体を意識するのは困難である。どこの国も、それらの眼球を当り前のこととする。そして、生活についてのその国独自の見方を形成する焦点化や遠近のトリックは、その国のいかなる人びとにも、風景と同じく神により与えられた配置のように見える」(Benedict 1946［一九四八］: 14［二一］)と。メガネをかけている当人がレンズの処方箋を知っていることなど、われわれは最初から期待しないのと同じように、「われわれは、国民が自らの世界観を分析することに期待をかけるわけにはゆかない」ともつけ加えている。「きっとそのうちわれわれは、社会科学者の仕事こそ、現代世界の諸国民について、この眼科医と同じ仕事を行うものである、ということを認めるようになるであろう」と、メガネをかけている人びとと眼科医との関係を結論づけている。市井の人びとは、もちろん自らの文化を熟知しているのだが、あまりにも身近なものなので、それについて意識的になることが困難——稀といったほうがより適切かもしれないが——であり、文化人類学者は文化を市井の人びとに代わって対象化することができるという関係にある。文化を対象化し、分析するのは文化人類学者なのである。

最後に、『菊と刀』において、ベネディクトは、たとえ間接的にではあれ、市井の人びとを資料提供者として分析した結果、日本文化とは何かという問いにどういう解答を提供していたのか、という問いにふれておきたい。結論からいえば、ベネディクトは、日本文化は階層性であると述べている。階層性とは、社会の成員が自らの居場所をわきまえることを意味する。階層性は日本社会を秩序化した。そして、日本の東アジアへの侵略を正当化する論理も、階層性であった（Benedict 1946［一九四八］：20-21［二七―二八］）。日本人は家庭や教育制度をとおして階層性を体得し、階層性を通して世界を秩序づけようとする（Benedict 1946［一九四八］：67, 95［五五、一一〇］）。階層制度は、「呼吸することと同じくらいに彼（女）ら〔日本人〕にとって自然なこと」（Benedict 1946［一九四八］：57［四七］）なのである。

この点において、アメリカ合州国と日本とは正反対である。アメリカ合州国の文化は、平等主義である。「日常生活そのものがそれにもとづくべきであると信じている原則」であるからこそ、ベネディクトは「われわれ〔米国民〕には階層制度を一つの可能な社会機構として正しく理解することは難しい」（Benedict 1946［一九四八］：43［五三］）という。ベネディクトが『菊と刀』の冒頭で述べる、日本を理解することの困難さの原因は、ここにある。一方において、日本人にとり階層性をとおして世界を把握する姿勢――つまり、ベネディクトのいうレンズが、階層性なのである――と、他方において、アメリカ合州国の人びとが平等主義をとおして世界を把握する姿勢は、それぞれの社会において呼吸をすることと同じように「自然なもの」になっている。文化人類学者の仕事は、自然化された文化を再び意識すること――脱自然化――することになる。ギアツ（1988：121）も、『菊と刀』におけるベネディクトの修辞の特徴は、アメリカ合州国の読者に対して、「日本では、しかしアメリカでは」という対比をとおし、日本の他者性を強調するだけではなく、他者性に刻印されていた日本を親和化し、逆に自らの社会の自明さを脱中心化する作業にある、と主張している。

これまで述べきた『菊と刀』における文化という考え方、そしてそれを研究する文化人類学的視点の特徴は、ベネディクトのもうひとつの啓蒙書である『文化のパターン』において、すでに充分に練り上げられていた。そのなかには、『菊と刀』でははっきりと表明されていない、文化研究について予期される批判への応答も含まれている。

4 『文化のパターン』への遡行

古典といわれる書物は、時代を超え多様な読解の可能性を開示する。ベネディクトの『文化のパターン』は、おそらく『菊と刀』以上に多様に読みとくことができるものだろう。一例として、一九八九年版に掲載されている序文で、メアリー・キャサリン・ベイトスン (Bateson 1989 : viii) は、八〇年代の米国社会の読者には『文化のパターン』のなかの「統合 (integration)」という発想が、とくに示唆的ではないかと指摘する。八〇年代の米国は、広義の「文化戦争」、「文化的リテラシー問題」、「人種論の再燃」、少数派からの「差異の政治学」などに代表されるように、国内の多様性が可視的となっただけでなく、それまで問題とはならなかった (といわれている) 統合に亀裂が入り始めたことを意識させる論調が広がっていた (太田　一九九八、二〇〇一)[23]。

わたしは、ふたつの疑問への解答を探るという方法で、『文化のパターン』にアプローチしてみたい。ふたつの疑問とは、文化の変化、および、相対主義と文化批判の可能性についてである。ベネディクトが『文化のパターン』のなかにすでに用意してくれている解答は、現在、文化人類学とそれを取り巻く社会状況との関係について考察するとき、重大な指針を提供する。異なった表現をすれば、それは、現代社会における文化人類学のアイデンティティとは何かという問いへの解答をも可能にしてくれるものでもある。

そのふたつの問いへの解答を模索する前に、『文化のパターン』における文化理論を確認しておきたい。その根底には、人間は文化により媒介された世界を生きているという認識がある (Geertz 1973 : 53)。文化人類学者も人間であるわけだから、自身の帰属する社会の文化に媒介されているし、その対象——多くの場合は文化人類学者とは異なる社会に帰属している——も、異なった文化に媒介された世界を生きる。社会内での階級、ジェンダー、エスニシティなどの多様性を無視した、古いスタイルの「異文化理解論」を踏襲しているにすぎないのではないか、という批判を受けることを覚悟したうえで、あえてこう表現してみた。ここで指摘したいのは、人間が文化により媒介された存在であるのなら、その媒介があるために理解への可能性が開けること、そして同時に、そのために理解が困難になること、最後に、文化人類学をおこなうのは、この矛盾した関係を辛抱強く生きることになる、という点である。(24)

ベネディクト（Benedict 1989［1934］: 6-7, 9）によれば、ここでいう文化の媒介性を文化人類学者と同じように理解しているのは、経済学者や心理学者ではなく、文化人類学者がその研究対象としてきた「未開社会の人びと」であるという。(25) その理由は、「未開人」たちは西洋文明の圧倒的な力を前に、自らの慣習を放棄し、他の生活パターンを受容しなければならなかった。その結果、人間の生き方の多様性を、経験をとおして知っていたからである。

だが、西洋人は違う、とベネディクトはいう。自分が慣れ親しんだ慣習以外は知らず、それが普遍的慣習であると勘違いするというわけである。いま、述べた理由によって、文化人類学は、他の学問――そのなかには哲学も含まれるが――に対して、文化を意識するという点においては、特権的位置にある[26]。文化――ベネディクトは、「慣習（custom）」ということばを使うが――についての社会科学がなかなか進歩しなかったのは、「慣習〔文化〕が社会科学者たちの思考そのものであったからである。つまり、それをはずせば見ることができなくなってしまうレンズそのものだったのである」（Benedict 1989 [1934]: 9）。ここでもレンズの比喩が登場している。「誰だって、世界を原初的眼で〔無媒介に〕見るわけではない。人間は、さまざまな思考の方法、制度や慣習により脚色された世界を見ているにすぎない」と、ベネディクト（Benedict 1989 [1934]: 2）はレンズの比喩をとおして、文化の媒介性について言及しているが、それは『菊と刀』での分析視点と同一の視点であることが読み取れる。

さて、さきほど提起したふたつの問いに戻りたい。まず、ベネディクトは文化の変化について、どのように考えていたのだろうか。ベネディクト（Benedict 1989 [1934]: 46）は、『菊と刀』において、文化は統合された全体であるという視点から分析を進める。これは、『文化のパターン』でも同様である。つまり、文化は個人のようにある一貫した「行動と思考のパターン」を有する。文化がパターン化されるのは、ある社会の文化はデザインを持っており、それにそって〔無意識のうちに）パターン化がおこなわれるからである。ベネディクト（Benedict 1989［1934］: 47）は、ゲシュタルト心理学から概念を借用し、このパターン化のことを「形状（configuration）」とよんでいる。だが、心理学からの借用語を使って表現した内容は、美術史におけるスタイルに関する分析方法に近いという。したがって、ベネディクトはその方法論において、「個人の心理を社会に拡大した」というミード（Mead 1989［1959］: xi）の解釈は、完全な誤解だとは言い切れないまでも、もう少し注意深く検証しなおす必要がありそうだ。

これまでベネディクトの文化人類学的アプローチが批判されてきた理由のひとつは、この点にあった。つまり、彼女の分析では、当該文化を調和がとれた総体として描き出そうとするため、パターン化を拒む個人が排除され、結果的にはある社会内部での多様性を抑圧してしまった、と（たとえば、Barnouw 1957）。だが、このような批判を先取りしているかのように、ベネディクト（Benedict 1932: 26）は次のように反論していた。

選択された文化に合致した人間は、問題はないかもしれないが、どこの社会にも不適応者は存在する。そうすると、文化は完全に調和する状態には達しないことになる。ベネディクト（Benedict 1932: 252）は、個人と文化との関係において、クローバーとは異なり、文化が個人から自立しているわけではないと考えていた。両者は互酬関係にあり、完全に調和しない個人が文化の変容を促すと考えている。

ベネディクトは、文化的不適合者を、忘れてはいないどころか、その存在に着目するとき、彼女のアプローチの特徴がよく表される。不適合者は、ある文化のパターンから逸脱するが、そのパターン自体は相対的なため、ある社会における不適合者は、他の社会では問題がない個人になる。たとえば、ズニ社会における雄弁な語り手は妖術師とみなされかねないが、個人的権威の誇示に高い評価を下す平原インディアンの諸社会では、同一人物は指導者になりうる（Benedict 1989［1934］: 262）。このことからベネディクト（Benedict 1989［1934］: 271）は、文化間比較をとおして正常と異常の定義がいかに相対的かという事実を指摘しただけではない。その定義が絶対的ではないという意味は、同一文化においても時間の経過によって、それが大きく変化しうることを示しているのである。同一社会内でも、文化の変化は不可避なのである（Benedict 1989［1934］: 36）。

『菊と刀』の終盤、ベネディクト（Benedict 1946［一九四八］: 295-296［三四二―三四四］）が日本社会を菊と刀の比喩で語る唯一の文章の意味が、はじめて明確になる。菊は花の形を整えるために利用される輪台がなくても、けっこう美しく咲くものであるという。また、「身から出たさび」ということばは、刀と身体を同一視しているため、それは刀を帯びる人の責任も表現する。そうすれば、刀は攻撃性の象徴であることをやめ、「理想的な、立派に自己の行為の責任を取る人間の比喩になる」。ベネディクトは、終戦を迎え、民主化を目標にした日本が、これまで強調してこなかった日本文化の側面に光を当てることによって、内側から変化する可能性を予測しているのである。

次に、文化相対主義と文化批判の可能性について考えてみる。ベネディクト――その師のボアズも――と密接に関連づけられて論じられる考え方が、文化相対主義である。たしかに、『文化のパターン』や他の論文において、メラネシアのドブ社会で利他的行為をいとわない人物は、狂人とみなされること、ドブの社会の価値は猜疑心を発揮すること、という記述を読めば、ベネディクトの相対性の主張には、解釈の余地が残されていないようにさえみえる（Benedict 1989［1934］: 142; 1966［1934］: 269）。したがって、どのような価値をも等しく認め、寛容さを説く相対主義は、ホロコーストや原爆投下など、人道上の罪として裁かれるべき歴史的出来事を前にして無責任な立場として受け取られかねない、という批判は正しいようにさえ聞こえる（そのような批判の一例として、Williams 1947）。

けれども、驚くべきことに、ベネディクトは相対主義から文化批判を導きだしている。それは、ベネディクトが一九三〇年代米国という（いまだに、大量殺戮が米国一般市民の関心事にはなっていなかった）「無垢な時代」におもに著作活動をしていたから、矛盾する立場を保持できたというわけではない。当時から、ベネディクトは相対主義がニヒリズムへと短絡することを熟知していた。これは、そのうえでの発言なのである。

カフリー（Caffrey 1989: 118）によれば、ベネディクトがボアズから学んだことのひとつは、「異文化の人びとの知的生活について研究するのは、人間を『自由』にするもっとも教育的に有効な方法である」と記していた。もし、異文化の理解が、なぜ人間——つまり、研究者自身を含めた人間——の解放につながるのか、という疑問に答えることができたなら、相対主義と批判をとおして社会を改良しようという立場は連結する。(27)

ベネディクトが本格的に文化人類学を学び始めていた一九二〇年代初頭では、「文化について意識的になること（culture conscious）」が、C・ウィスラーらのボアズの弟子たちの間では主張されていた（Caffrey 1989 : 118）。文化について意識的になる必要があるのは、まず米国民である。米国民も「未開人」と同じように、文化によって媒介された世界に生活する存在である。だからこそ、「もっとも批判的にならなければならない点において、もっとも批判的になることが難しい」と、ベネディクト（Benedict 1989［1934］: 249）は主張している。つまり、文化相対主義は、当時よくいわれていたような「絶望の教義（doctrine of despair）」ではなく、米国民が自らの価値観や生活のパターンを自明視すること――自らの文化拘束性を否定すること――から生まれる「独善性（self-righteousness）」への批判である。彼女は、その批判をとおして、社会を改良しようという価値観を持っている（Caffrey 1989 : 59）。相対主義はニヒリズムではなく、「その内部に独自の価値を保持」しているのだ（Benedict 1989［1934］: 278）。

ベネディクトが想像していた文化人類学の特徴は、ここにある。つまり、文化の媒介性にこだわり、けっして自己の視点を透明にしないまま、対象を捉えようとする再帰的姿勢にある。『菊と刀』における日本と米国とを対比する修辞は、まず、第一読者である米国人に文化を意識させ、次にそのうえで日本文化について言及するという、ふたつの文化を相関する作業の結果なのである。日本文化だけを自律した対象として客観的に描写できないのである。両方の文化は、それぞれの当事者にとってはごく自然であるため、その位置からは相手の文化は異様な様相を呈する。ベネディクトは、文化の脱自然化を要求していたのである。(28)

そうすると、相対性を認める文化人類学は、「一般に広く受け入れられた見解に挑戦し、そのような見解に慣れ親しんできた人びとを居心地の悪い気分にさせる。旧来の定式を混乱させるため、悲観主義を誘う」という（Benedict 1989［1934］: 278）[29]。最近では、相対主義は現状維持を肯定する保守的思想、最悪の場合は「文化アパルトヘイト」を生む危険な思想とまで解釈されてきた（フィンケルクロート　一九八八; Kuper 1999）。それが、社会変革の推進力を担うという発想は、第二次世界大戦の終結とともに、幻想にすぎなくなったという[30]。だが、そのような文化相対主義への批判は、文化相対主義を矮小化した結果、繰り返される批判にすぎない。さらに、文化的媒介の外に脱しよう、アルキメデス的視点から世界を俯瞰しよう、自らの前提は問われることのない認識論的安全地帯への逃走を求めようという欲望の表現でもある。

前述したが、ベネディクトがおこなったフィールド調査に対する評価はけっして高くない。けれども、彼女の相対主義的発想をフィールド調査の指針として再解釈したとき、それはどのような民族誌的実践の可能性を生みだすのだろうか。過去を経由することからはじめて見える未来の姿は、どのようなものだろうか。そのような未来像が見えなければ、いま文化人類学者としてベネディクトを再評価する意味も薄れてしまうに違いない。

5　ベネディクトによるフィールド調査の再定義

いまでも、フィールド調査は文化人類学の重要な要素である。しかし、わたしがこういうときに心に描いているのは、最新の理論を利用して分析をおこなうために、客観的手法によって情報を収集する作業ではない。これまで文化人類学者たちがやってきたように、言語習得から始まる——たとえ一箇所に滞在しないまでも——長期間の調査を念頭に置いている。ただ、そのような調査においてさえも、すでにベネディクトが想定していた体系的な文化を、その研究対象とはできなくなっていることも確かである。わたしが主張したいのは、対象は変化したとしても、ベネディクトが理論化した視点には、いまだにフィールド調査と節合しうる可能性が残されている、ということである。

たとえば、クリフォード（Clifford 2000 : 98）がいうように、研究対象は体系を保持した文化というよりも、ローカルとグローバルが、古いものと新しいものが複合的に連結する「状況（conjuncture）」になっている。そんな状況に直面した文化人類学者は、恣意的な基準で何かを「場違いなもの」として排除しないかぎり、この状況に驚くしかない。ベネディクトが繰り返して主張していた再帰性に基づいた視点に従えば、調査者は、フィールドで直面する現実が奇異である場合、ある現象を少なくとも奇異に見せている調査者側の暗黙の前提があることを認め、調査者自らの分析枠組みや理論の方が無効であるということを知るのである。(31) カフリー（Caffrey 1989 : 232）によれば、ベネディクトは「データの前に平伏す（surrender to the data）」ことをモットーとしていたという。このことばは、実証主義の表明のようにも聞こえる。すなわち、観察をとおして対象を正確に把握する意志表明として。けれども、あれだけ文化の媒介性に拘泥していた彼女だからこそ、実証主義とは反対に、対象を前にして驚き、その結果自らの視点や分析枠組みの限界を悟り、自らの理解の地平を根底から開いてゆく、という意志表明としても解釈できるよう

に思われる。(32)

もちろん、ここでも反論が予想される。たとえば、フィールドの現実を前にして驚くという姿勢は、これまで文化人類学において自明視されてきた「文化的差異」を再び強調しているにすぎないのではないか、さらに極論すれば、フィールドにおける「他者性の物象化」ではないのか、と。そうかもしれない。だが、差異への敏感な反応は、他者性の物象化とは限らない。クリフォード（Clifford 2000：103）は、画一化が急速に進行する世界では、差異に拘泥する姿勢は、支配的なシステムには織り込まれていない過剰な部分を見つけ、もっとも支配的なイデオロギー編成においてさえも、その外部が存在することを示すためには不可欠だという。もちろん、クリフォードは、うまくフィットしないモノ、記憶や再想起される選択肢などの、創発的現場《エマージェント・サイト》のなかに、社会変革のための実践やヴィジョンを見出すのである。混沌を整序することを暗黙のうちに前提としてきた文化人類学のこれまでの姿勢を逆なでるように。

一例をあげておこう。第七章ですでにふれたが、グアテマラのマヤ系先住民であり、政治家ならびに文化人類学者であるV・モンテホ（Montejo 2005：xxi）によれば、一九九〇年以降高まりを見せている先住民たちによる政治運動は、マヤ暦サイクルの最終単位「一三バクトゥン」の時間の流れにあるという。さらに、チマルテナンゴ県のあるマヤ司祭（ajq'ij）は、「カクチケル王国の最後の指導者であるカヒィ・イモッシュ（Kaji' Imox）が、数年前に再び生まれた」という話をしてくれた。(33)

ふたりのことばは、マヤ暦が現代グアテマラの政治状況に、奇妙に節合していることを示しているといえまいか。二〇〇七年、先住民運動の高まりは、グアテマラ史上初の先住民大統領候補擁立を迎えている。これが将来のユートピア的実践となって結実するかどうかは、まったく予断を許さない。にもかかわらず、先住民を前近代的存在という理由で市民社会から排除し、虐殺の対象としてきた歴史を持つ国において、近代国家の政治体制内部に亡霊のようにとりつく先住民の姿は、驚愕に値する。

6　おわりに

『菊と刀』と『文化のパターン』の再読は、文化人類学のアイデンティティとして重要な「フィールド調査」の特徴を再考することを迫った。フィールド調査は、図式化された方法論ではない。それは、アナ・ツン（Tsing 2005 : x）のことばを借りれば、「驚き」に特徴がある。(34)世界に対して、自分自身を開き続けることなのである。クリフォードも、民族誌とシュルレアリスムとの類縁性をここに認めている。(35)そうして生まれる知識は、暫定的にならざるを得ない。確定的なことは、いえないのである。ギアツ（Geertz 1973 : 29）は、すでに民族誌的知識の不確定性について指摘し、そのような知識を土台にした科学の奇妙さについても、次のように述べている。

ある英国人が、世界とはカメの甲羅に乗った象の背中の上に置かれた板の上に乗っているといわれ、それでは、カメは何の上に乗っているのか、と訊いた。答えは、別のカメだ、である。

それでは、そのカメは。「旦那、それ以降はずっとカメだよ」。〔この逸話のように〕文化分析は、内在的に不完全である。さらに、悪いことに、文化分析はそれを進めれば進めるほど、不完全になる。〔……〕〔文化〕人類学は、合意を達成することによってよりは、論争を精緻化することによって、その進歩が特徴づけられる科学である。

いまでは、このギアツの発言すら、忘れ去られつつあるのかもしれない。いたるところで、文化人類学者も法廷に証人として召喚される（クリフォード　二〇〇三）。もし、ギアツのことばが正しいのなら、そもそも文化人類学的知識は、白黒をはっきりと決着させる法廷にはなじまないタイプの知識であろう。また、文化人類学者は社会変革を目指すアクティヴィストとして二足の草鞋をはくようになってきた。(36) そういう文化人類学者は、フィールド調査の結果は現地の人びとに還元されるべきだという。けれども、誰でも利用できる再帰性を欠いた情報など、フィールド調査からは生まれないのではないか。あるいは、誰でも利用できる知識は、どれだけ文化人類学的といえるのだろうか。

多くのことが忘れ去られる時代である。前を向いていなければ、進歩からは取り残される。そんな時代には、思い出すことによって、過去に立ち返ることによって、ようやく現状に対する批判的姿勢を確保できるのではなかろうか。この姿勢は、ミュージアムにおける展示が過去ではなく現在に対する認識を変える創造力を秘めている場合すらあることとして示しておいた（第二章参照）。本章における読解の方法論として依拠したデリダ（二〇〇七：二三三）の「憑在論」的視点によれば、「革命的危機のなかに新しいものが闖入するほど、時代が危機にあるほど、すなわち〈脱節［out of joint］〉すればするほど、人は古いものを呼び出し、古いものから『借用する』必要に迫られる」という。ベネディクトのテクストと対峙する経験は、そんな方法論の具体的実践のひとつなのである。

付録1　人類学をつくり直す

――『芸術人類学』について

中沢新一の著書『芸術人類学』〔二〇〇六〕のタイトルにある、「芸術」と「人類学」ということばを、了解済みとしてはならない。なぜなら、中沢にとって、芸術は「多様な思考が結集する萃点」、「現生人類の本質をなす〔……〕流動する心」であり、人類学は「西欧的な『世界史』に組み込まれることのなかった〔吉本隆明のいう意味での〕『アフリカ的段階』〔……〕に属する心の諸活動を探る学問」なのであるから。中沢は、わたしたちには馴染みの深いこれらのことばを、「人類の直面する危機にたいして現実の最深部で作用する力をもった、思考の対処薬」を求めるため、再機能化している。だから、「芸術人類学」は「新造語」なのである。中沢の「芸術」をめぐる定義にも驚かされるが、彼のいう「人類学」は、よくいわれているようなフィールド調査を土台した異文化についての学問という定義ともかけ離れている。これまで慣れ親しんできた概念を異化することを、そもそも本書は狙っているのであろう。

それでは、心――それは脳内に存在するらしいが――の諸活動を探求するこの新しい学問が明らかにしてくれる領域とは何だろうか、と好奇心に煽られ、ほのかな期待を抱く前に、ここでいう「新造語」ということばの意味について考え、本評の読解の指針を示しておきたい。

言語は流通しドクサを形成する一方で、そこからの逸脱によって活性化されるという弁証法のなかにある。したがって、新造語とて、そこには既存の意味と格闘したり、それを否定したりした歴史が、痕跡として残されているはずだ。わたしは「新しい試み」を理解するには、この痕跡を歴史化しなければならないと考えている。痕跡として残る歴史をたどり、口頭発表を粗稿として書き下ろした論考の他、既刊の評論、エッセイ、講座編集本の一章など、多様なメディアに散在した文章からなる本書の一貫した主張を汲み取ってみたい。

中沢自身も、まったくの無から体系をもった「新しい試み」を引き出そうとするのではないことを意識しているようだ。これまで充分に——わたしには、すでに充分すぎるようにさえ見えるが——その理論的可能性が追求されてこなかった思想を、現在に呼び戻したいようである。たとえば、レヴィ゠ストロースの神話論理についての研究やバタイユの反功利主義的思想などに、人類が直面する危機への「思考の対処薬」があるということになる。

中沢にとって、前者は論理の構造性に着目しすぎており、それを内部から批判的に超えるためには、構造よりもそれからはみ出すもの(「呪われた部分」)にこだわったバタイユの思想が触媒として不可欠だ。そうやって、構造人類学を内側から乗り越えると、「対称人類学が待って」いる、というのが本書の主張の大枠をなす。

「対称人類学」とは、中沢がここ数年にわたり精力的に展開してきた思想の総称であり——「芸術人類学」と「対称人類学」との関係については、わたしにはよく理解できなかったが——

論理や構造という合理性だけではなく、その外へとはみ出すより自由な流動性とを兼備した知性――中沢は、これを「複論理（バイロジック）」と呼ぶが――を探求する学問だ。この学問を新たに打ち立てるには、現在では埋もれてしまっているため、われわれが気づかずにいる「数万年もの間に進化もしたことがない〔……〕人類の思考構造のうちに潜在している〔……〕能力」を再発見しなければならないという。対称人類学は、個別の民族誌的事象や歴史の断片ではなく、きわめて長いスパンを持つ人類史一般を扱うようである。この学問の科学的根拠を説明するのに、人類学者――といっても、理論的貢献を認められているのは、レヴィ＝ストロースひとりだけだが――や精神医学者、数学者、考古学者、歴史家、建築家や哲学者などがかりだされている。

類似の思想は、すでに存在していた。一九七〇年代後半から八〇年代初頭にかけての数年は、日本で「文化人類学」の力がマスコミをとおして増幅した時代であり、その寵児たる山口昌男や栗本慎一郎が活躍した（次世代にあたる中沢の初期の仕事もその流れで理解されることが多い）。まさに、人類学にとってバブリーな時代であったのかもしれない。

山口や栗本らが代弁した「人類学」――形容詞がついていようがいまいが――は、フランス思想から大きな影響を受けたこと、さらに人間社会の存立基盤を明らかにするという目標をもっていたことに共通点がある。初めから、民族誌は、その目標を解明するための資料を提供する補助的役割を担うにすぎないため、資料は脱文脈化されて利用され、議論の展開はともすればフレイザーの手法を髣髴とさせた。振り返れば、混沌の持つ力を認めつつも、その力は秩序によって回収されるという対立項をもとにした弁証的関係――中央と周縁、生産の肯定と（過度な消費としての）蕩尽の禁止など——が、難しい社会的問題を解き明かすマスター・キーのような働きをしていた時代であった。

本書のほうが、一九八〇年代初頭の中沢の初期の仕事よりも、この系譜上にあることが、はっきりとわかる。彼が回復を目指すのは、この時代の人類学なのである。ここ十数年の間、人類学内外でおこなわれてきた表象をめぐる批判的検討などは、書店の人類学の棚が縮小したという事実で総括されており、あたかも存在しなかったかのようである。

現在、「一九八〇年代の人類学」が回帰することを喜んで迎える読者もいれば、それに違和を感じる読者もいるだろう。中沢が、レヴィ＝ストロースの神話論理学の解説をするとき、インディオたちの顔面装飾の謎を解明するとき、日本におけるある哲学学派の形成の特徴を述べるときなど、「対称性と非対称性」、「旧石器時代と新石器時代の思考」、「地ならしされた思考と野生の思考」、「もののあわれと同一性の思考」という対立概念が登場する。それらの対立は、しばしば非弁証法的であり、ニュアンスを欠いた「東西文明論」のような体裁で提示されることもある。それらに直面したとき、わたしには大歓迎というふうにはいかなかった。

だが、そのような対立が功を奏してか、宗教——とくに、修験道——と国家との関係を考察した論考は、鋭い指摘に満ちていた。中沢によれば、人間は法と掟が提供する安全と引き換えに、自然に存在していた力と同様に自らの内にも存在していたはずの力を犠牲にしてしまう。修験道では、その力を回復しようと、聖なる領域——力の源泉——としてタブー視された場所で修行をおこなうという。力の源泉に踏み込んで、力を全身につけるのは国家をつくりあげた（原初の）

王の所業であり、修験と国家はその根底において通じ合っていることを示している。国家はさらにより強力な「縁」の世界を構築するが、その周縁にはいまだに「原修験」の構造――たとえば、南西諸島から報告されているアカマタ・クロマタ――が、祭祀には散見される。

最近の仕事では、中沢はレヴィ＝ストロースよりも、バタイユからより大きな示唆を受けているようだ。だが、彼自身はあくまで、「芸術人類学」が開拓しようとしているのは、両者の結合する領域だという。レヴィ＝ストロースは「野生の思考」を探求したものの、その産物である神話を分析するとき、「言語の構造性」を過度に焦点化してしまい、（中沢がバタイユから学んだとする）人間の持つ「流動する心」が矮小化されてしまったという判断を、中沢は下している。

ところで、米国の人類学者M・タウシグによれば、バタイユはモースの贈与論に潜むラディカルな側面を発見したとされている。モースは、理論的には贈与は強制をともなわず、利益も追求しないものだという。だが、現実には、（与え・受け取る）義務と（利益を考慮する）功利が支配している。モース自身も、後者の一人歩きを許し、贈与が規則に従う行為であるかのように語っている。前者からレヴィ＝ストロースの親族の基本構造論が生まれ、後者からはバタイユの蕩尽論が生まれた。

したがって、タウシグによれば、レヴィ＝ストロースとバタイユは、人間社会の根源的成り立ちをめぐる対照的な説明体系を発展させたことになる。レヴィ＝ストロースの親族の基本構造論には、相互交換から生まれる利益が社会の存立基盤にあるという功利主義が見え隠れする。それに対して、贈与を義務・強制、さらに功利性から解放したバタイユの蕩尽論では、人間を過剰な消費を求める存在として想定し、それを禁止することに人間社会の存立基盤——これが文化であるが——を求めた。社会科学の理論が、それを生んだ社会の自己説明にすぎず、その社会の存立をその根底から問い直すこと——中沢なら、それが本来の人類学の意義だというだろうか——をしないとき、バタイユは少なくとも西欧社会の自己説明である生産中心主義や功利主義を問い直している。

ここで、タウシグによるレヴィ゠ストロースとバタイユについての解釈に言及したのは、中沢の解釈をより広い問題系へと開いてみたかったからである。本書からも、中沢は閉じられた体系の内部で仕事をすることを好まないという印象を受けた。だが、その印象とは裏腹に、例外はあるものの、彼と類似した議論をした人たち（一九八〇年代の先達）や現在活躍中の文化人類学者への言及が異様なほど少ないのは、いくら堅苦しい学問の体裁から解放されていることが、これから開花するであろう「芸術人類学」の自由さを訴えるスタイルに合致しているとしても、いささか独善的な気がする。

中沢の「人類学をつくり直す」意志には、わたしもおおいに共感する。さらに、「芸術人類学」が目指す目標が、社会の諸問題をいわば対処療法を使って抑えるのではなく、それらを生みだす構造や思想の限界を批判する「思考の対処薬」であることにも、同意できる。

だからこそ、「芸術人類学」のさらなる飛躍を望む者のひとりとして、あえて次の疑問を提示しておきたい。「芸術人類学」が現在活力を失ったかに見える人類学の「つくり直し」であるというとき、そうやって生まれる学問を、新造語によって前人未到の地を目指すというメタファーで語るのは、どこまで適切なのだろうか、と。「つくり直し」とは、ときには同一のテクスト群や概念の定義をめぐる既存の問題系内部での熾烈な争いの結果ではないだろうか。この書評の冒頭で、痕跡について言及したが、『芸術人類学』は、その出自にかかわる痕跡を無視するため、かえってその痕跡が浮かび上がるテクストだといえるのではなかろうか。

付録2　文化人類学の魂を探す
——私的「リーディング・リスト」

1

一九八〇年以降の人文・社会系学問の問題領域形成を振り返るとき、「伝統の創造」論がホブスボウムらの意図から離れていった軌跡はひじょうに示唆的である。たとえば、「伝統の創造」論はポスト構造主義と節合し、アイデンティティを土台にしたすべての主張を否定する反本質主義という立場を形成した（もちろん、「すべての」という形容詞がつくことで、この立場自体、きわめて本質主義的である）。そして反本質主義は、文化人類学者たちが「伝統的に」関心を示す場所において、さまざまな問題を生んできた。これまで抑圧されてきた人びとが、文化をとおして支配的な勢力に異議を申し立てるとき、反本質主義の立場にたつ文化人類学者は、彼ら／彼女らの異議申し立ては「アイデンティティ」を土台にしているから本質主義的だと問題視し、両者はしばしば対立した。

しかし、この対立は伝統を再考するための新しい視点を生む結果にもつながった。つまり、先住民たちが法や制度的変化に適応しながら、文化的統合を保持していこうとする複雑な過程に関する報告からは、伝統を「真正」か「非真正」かという二者択一の篩にかけるのではなく、伝統を保存という概念から切断し、変化と再節合させることによって、伝統が持つ可塑性と持続性の二つの側面を焦点化するような視点が生まれたのだ。この視点から見るとき、文化人類学者にとって伝統にまつわる問題は、「いかにして文化的変容を文化的継続ということばで語り続けることができるのか」、「その限界はどのようにして明確になるのか」、等々の異なる問題へと変化していくはずである。

さて、同じことが文化人類学についてもいえないだろうか。現在、文化人類学という名前で名指されている学問について考えるとき、「学問的伝統」の保存ではなく、変化と継続の両方の視点から考えることはできないだろうか。文化人類学の研究対象は拡大し、その研究方法や参照理論も変わった。そうした大きな変化があるにもかかわらず、いまだに自らの実践を文化人類学とよび、その成果を文化人類学の知識のなかに位置づける理由とはいったい何だろうか。これは看過できない重要な問いであるだろう。

以下に紹介する「リーディング・リスト」は、この問いに対するわたし個人の解答を文脈化したものである。わたしが文化人類学をとおして学んだのは、その独特の思考のあり方——他の学問でも、そのような思考のあり方は断片的には共有されてきたのかもしれない——であるが、それについては、本書においても、またそれ以外の場所においても繰り返し述べてきたので（たとえば、太田・浜本　二〇〇五の数章には、そのような視点がはっきりと示されている）、ここでは繰り返さない。

このリストは文化人類学の古典を選択したものではないし、ましてや人類学を地域研究の一部として位置づけた結果生まれたものでもない。過去の書物を振り返るという意味では後ろ向きである。けれども、文化人類学の未来を見据えている「わたしの眼」――だから、私的なのだが――がそれらの書物を選択しているから、「後ろ向き」ということばの意味は、少し複雑になるはずである。

すべての学問は批判的継承のサイクルのなかにある。芸術においてゼロからの創造が不可能であるのと同様に、学問にあっても先達の思索を継承することは大切である。しかし批判的継承とは、たんにそれに従属することではない。批判的継承とは、継承者たちが自らに先行する思索を予想外の方向へと導き出し、それらに新たな生命を与える作業である。批判的継承の第一歩は、問いと答えの関係性に着目することだろう。「先達はどのような疑問を投げかけ、それにどのように答えようとしていたのか」、「なぜ、そのような疑問が研究テーマとして重要視されたのか」等々。

歴史へのこのようなアプローチをわたしに教えてくれたのは、コリングウッド『思索の旅』(一九八一［1978］)であった。コリングウッドは、歴史家の作業を「問いと答え」という関係のなかに捉える。彼のアプローチは、一読、歴史を過去に「正しく」位置づけることを目的としているかのような印象を与えるかもしれない。だが、歴史に対する問いが異なれば、異なった答えが返ってくる。歴史は新たな意味を持ち、再び開かれる可能性をはらんでいるとコリングウッドはいう。最近では、サイードのいくつかの著作にも似たような立場を読み取ることができる。たとえば、『フロイトと非‐ヨーロッパ人』(二〇〇三［2003］)や『人文学と批評の使命』(二〇〇六［2004］)などである。

2

一九七〇年代前半は、いまだ六〇年代の大きな知的うねりのなかにあった。少なくともこの時期から文化人類学徒の道を歩み始めたわたしにとって、六〇年代の問題関心は、それまで古典と考えられてきたテクストの正統性を転覆しかねないスリリングなものであった。アメリカ合州国でこの学問を学んだという特殊性もあったかもしれないが、文化人類学の持つ自らの学問的存立基盤への呵責なき反省に魅了された。文化人類学はこれからも新しく生まれ変わる可能性に満ちた学問であるという印象を受けたのだ。当時は、マリノフスキーのトロブリアンド諸島に関する民族誌群――『西太平洋の遠洋航海者』(Malinowski 1961［1922］)、『未開人の性生活』(一九九七［1929］)、『未開心理における父』(Malinowski 1955［1927］)など――を読んでさえ、ヨーロッパにおいて自明視されていた了解事項が、どんどん批判されてゆくことに解放感を持ったものだ。

文化人類学は「フィールドワークの学問」だとよくいわれる。けれども、文化人類学も人文・社会科学の一部なのだから、通常の研究――書斎での作業――と二者択一の選択肢として「フィールドワーク」が存在するわけではない。フィールドワークで生み出される知識は、どのような性質を持つのか。フィールドワークをとおして何かが分かるとは、どういうことなのか。いわゆる「異文化」を「正しく」理解することなど、はたして可能なのだろうか。こうした問いを考えるときに手がかりとなったのは、「社会科学の哲学」という領域において言及されることの多い書物であった。一九七〇年代中盤、学部三年のときに履修した「社会科学の哲学」の科目シラバスには、バーガーとルックマンの『現実の社会的構成』（二〇〇三［1966］）、マイケル・ポランニー『暗黙知の次元』（二〇〇三［1967］）、クーンの『科学革命の構造』（一九七一［1970］）などが含まれていたと記憶している。

一九七〇年代をとおして、文化人類学にはいくつかの大きな「パラダイム論争」が存在した。わたしが当時関心を持った論争のひとつは、「唯物論（人類学）派」と「象徴（人類学）派」との対立であった。前者では、社会集団が環境に適応するための道具として文化を位置づける。その立場に従えば、最終的審級において自然や環境が人間の存在様式を決定することになる。後者では、人間の場合、自然や環境でさえも文化という媒介をとおして認知されると考え、文化は人間存在を媒介する意味の体系であると定義されていた。この立場の代表が、ギア（ー）ツの『文化の解釈学』（一九八七［1973］）である。この「パラダイム論争」から生まれたのが、サーリンズの『文化と実践理性』（一九八七［1976］）であり、またギアツやシュナイダーのもとで教育を受けた複数の編者による『象徴人類学』（Dolgin, Kemnitzer and Schneider 1977）、さらにはラビノウとサリバンの編集本『解釈学的社会科学』（Rabinow and Sullivan 1979）だった。これら編著者たちの貢献によって、ギアツが確立した文化人類学と隣接諸科学との関係はさらに拡大した。文化人類学者にとっても、民族誌だけではなく、古典的社会学理論や政治理論、西洋マルクス主義、現象学、解釈学、哲学などが重要な理論的参照点を形成しつつあった。

後日気づくことになるが、日本における状況と大きく異なるのは構造主義の影響である。わたしが学んだ環境においては、構造主義はあまり大きな影響力を持っていなかった。サーリンズの『歴史的隠喩と神話的現実』(Sahlins 1981) の根底にある問題意識は、レヴィ゠ストロースが『野生の思考』(一九七六) において述べた「歴史は体系に従属している」という主張への応答であるが、そのことすら必ずしも焦点化されていなかったのである。

一九七八年、大学院修士課程へ進学すると、わたしは文化人類学の実践においては、対象となる現実を媒介なしに把握することは不可能であるという一連の理論的考察に関心を抱いた。ことばを変えていえば、一見真実のように見える異文化についての知識も、わたしたちの視点がその真実を生産しているだけかもしれないという懐疑的な考え方である。文化人類学において、媒介に着目していたのは解釈人類学——当時は、象徴人類学ともよばれていた——であった。しかし、解釈人類学にも盲点があった。ひとつは、文化を体系とみなし、いかにそれができあがったのか、という歴史を問わなかったことであり、もうひとつは、ある社会の成員にとって、いかにして秩序が成り立っているように見えるのかという問いの欠如であった。

そのような盲点に気づかせてくれたのは、大学院修士課程のあるセミナーで触れたガーフィンケルの『エスノメソドロジー』(一九八九 [1962]) やA・シュッツの論集 (Schutz 1973, 1976) であった。たとえばガーフィンケルは、奇抜な実験をとおして、社会秩序の恣意性を露呈させ、人びとがその秩序を修復しようと努力する実践を描き出した。わたしたちの日常生活は暗黙の前提のもとに成立しているが、それは脆弱な基盤の上にあり、その保全には人びとの不断の努力が必要となる。ガーフィンケルは、それら人びとがおこなう「実践」をエスノメソドロジーとよんだ。社会秩序がすでに成立しているものとして社会学を出発させたタルコット・パーソンズとは、その前提が異なっていたのである。文化人類学の知識も、フィールドで直面する混沌とした状況に意味づけを施す過程から生まれたのではないか、という疑問を持つようになっていった。

わたしにとって一九八〇年代の印象は、一言で要約すれば、文学理論の台頭である。文学理論が文化人類学を含めた人文・社会科学における理論を語るうえで共通語になった。その共通語によって構造主義やポスト構造主義などの——いまではスタンダード化している——著作群と初めて接触することになる。サイードの『オリエンタリズム』(一九八六[1978])も、はじめは文学や歴史において中東を描写するときに際立つ媒介——それが当時の政治であり、人種主義であった——を批判する書物だと考えていた。

一九八〇年代、現在のわたしの学問的方向性を決定したふたりの人物に出会うことになる。ひとりは、ミシガン大学大学院時代の指導教官であったマイケル・タウシグであり、もうひとりは、その著作をとおして大きな影響を受けたジェイムズ・クリフォードである。ただし、タウシグの著作については難解な部分も多くあり、どれだけ理解できていたかははなはだ心もとない。彼のセミナーや社会史研究家たちとの読書会のなかで表明されるその独特の思考方法からより多くを学んだ、といった方が正確かもしれない。

修士課程や博士課程に編入してきた大学院生は、「理論と実践」という通年演習が必修科目になっていた。その年の担当教官がタウシグだった。実際に議論を進めるうえでのテクストは、マリノフスキーの『西太平洋の遠洋航海者』など一連のトロブリアンド諸島民族誌だった。しかし、シラバスの二頁目からは文化人類学とは一見無縁に見える――少なくともわたしにはそう見えた――参考文献が羅列されていた。たとえば、ジェイムスンの『マルクス主義とフォルム』(Jameson 1974)、イーグルトンの『マルクス主義と文芸批評』(Eagleton 1976)、バージャーの『イメージ』(一九八六 [1972])、ヘイドン・ホワイトの『メタヒストリー』(White 1973) 等々。後期の共通テクストは、トムスンの『イングランド労働者階級の形成』(二〇〇三 [1963]) であった。文献リストには、ウィリアムズの『マルクス主義と文学』(Williams 1977)、ヴィーコの『新しい学』(二〇〇七 [1968]) という書物があったことを思い出す。

翌年、タウシグの別のセミナー――それは「シャーマニズム・セミナー」とよばれていた――を履修した。すでに『南米における悪魔と商品の物神性』(Taussig 1980) も刊行されており、彼は次のプロジェクトである『シャーマニズム、植民地主義と野生人』(Taussig 1987) の執筆最中にあった。その演習では、エリアーデの『シャーマニズム』(二〇〇四) とマルクスの『資本論・第一巻』(二〇〇五) とをつき合わせて読んだが、もっとも印象的だったのは、彼がレヴィ＝ストロースの『構造人類学 (第一巻)』(一九七二) に収録された呪術関連の二論文――「シンボルの効果」と「邪術師とその魔術」――を激烈に批判していたことである。タウシグは、たんに個別の分析レベルにおいてレヴィ＝ストロースに納得できなかったのではなく、もっと根深いレベル、つまりレヴィ＝ストロースが彼の世界観そのものを否定しているように感じていたのではないだろうか。とはいえ、そうわたしが考えるようになったのは、ずいぶん後のことである。

もうひとりの人物クリフォード（二〇〇二、二〇〇三、二〇〇四）についてだが、彼の名前は、一九八〇年代中盤、わたしが八〇年代初頭に読んだモーリス・レーナルトについての論文が示していた方向とは大きく異なった立場を代弁するとき、よく引き合いにだされるようになった。その主張とはほとんど無関係に、彼の著作には「ポストモダン人類学」というレッテルが付いて回っていた。当時からポストモダン人類学は、「再帰的人類学」、「テクスト至上主義」、「実験的民族誌」などさまざまな名称で代替されている。しかし、このように名称が未決定という事実からしても、ポストモダン人類学の歴史はいまだに閉じられてはおらず、現在の理論的関心と節合する可能性が残されていることを意味するであろう。言い換えれば、ポストモダン人類学は、ふたたび解釈され直されなければならないのである。

わたしがクリフォードから学んだことは、了解済みとされてきた諸概念を根底から考え直すことの重要性である。たとえば、民族誌について暗黙の前提とされてきたジャンルの規約を考え直すこと。その規約によって読解が可能になるのなら、その規約から民族誌を解放すること。だからといって、その解放は進歩や前進を必ずしも意味しない。彼の介入は、そのような理解を支える文化人類学者たちの欲望すらも根底から問い直すことを強く求める。クリフォードは救済人類学の産物とみなされている「古い」スタイルの民族誌が、驚くべきことに、思いがけない読者の手で再利用されることに注意を喚起している。その理由は、わたしたちがとりつかれている「進歩の物語」を相対化するためなのであって、なにも「古い」スタイルの民族誌が、これからの方向だと示唆しているわけではない。

同じことを、わたしはタウシグからも学んだ。彼が批判するのは、秩序を求め簡単に了解してしまおうとするわたしたちの欲望である。レヴィ＝ストロースの呪術関係の二論文には、混沌とした感情を言語によって物語化すること、混沌に秩序を与えることによって治癒がなされるといった暗黙の了解がある。タウシグがコロンビアのシャーマンとともに参加した治療儀礼は、そのような言語や物語構造をモデルとした説明では了解不可能な経験だったのである。この驚きをともなった経験を前にして、しばし留まり続けることにより、彼は文化人類学という知識も、媒介によって成立しているわけだから、その存在を意識化しなければ、未開主義や植民地的想像力が暴走する結果を生むことを確信する。

ポストモダン人類学の展開を、タウシグやクリフォードだけで代弁してしまうのは、まったく妥当ではない。けれども、一九八〇年代や九〇年代を振り返るとき、わたしにとってはこのふたりはきわめて大きな存在なのである。いまでは否定的評価しか受けないポストモダン人類学だが、その歴史を無視して、七〇年代以前の学問の自己イメージ――それすら歴史であり、再解釈の対象にすぎないが――へと回帰するような「反動」ではなく、その介入によって変化した文化人類学をいかに継承するかという発想が大切だと考えている。

わたしにとってポストモダン人類学がもたらした教訓は、斬新な民族誌的記述の可能性でもなければ、民族誌を文学として扱うことでもなかったし、ましてやフィールドワークを不可能にするような介入でもなかった。それは、文化人類学が持続してきた解放力――その根底にあるのは驚きであり、世界が再魔術化されているという感覚を持つこと――についてふたたび想起し、文化人類学とは何かについて再考すること、すなわち、忘れ去られてしまった文化人類学の思考の特徴を、ポストモダン人類学の介入を触媒として、ふたたび甦らせることであったのだ。

学問の実践が日常化し、考えることなく実行するルーティン化が、紋切り型の分析を生むようになる。資料が収集されるフィールドだけが異なり、研究対象ばかりが真新しくなり、結論が先に見えてしまうようになる。そんなとき、「文化人類学の重要な実践の一部となっているフィールド調査とは何か」、「フィールドワークと民族誌との関係は何か」、「そもそもフィールドでの記録は何を文字化しているのか」、「植民地主義を背景に古典的民族誌が描き出されたのなら、脱植民化を経過した現在では、その形態はどう変化しうるのか」等々を根本から徹底して考えることは重要だと思われる。わたしは、これらの疑問に対して、いまだに何ひとつとして「解決済み」という印象を持っていないのだ。

3

一九九〇年代には、八〇年代の文化人類学の再考が促した理論的問題の数々が具体的に扱われるようになる。たとえば、グローバルな規模での学問的伝統の多様性を掘り起こす作業、フィールドにおける現地の人びととの共同調査の模索、アクティヴィズムとアカデミズムとの節合の試み等々。これらの課題は、八〇年代において先鋭化した根底から考え直すという発想によって可能になったものであり、文化人類学を否定しようとした結果生まれたわけではない。学問の進展速度が驚くほど加速している現在、前の時代を「乗り越えること」が強く求められるほど、新しい理論はつねにそれ以前の理論を超えているという錯覚に囚われてしまいがちになるが、わたしはそのようには考えていない。

批判的継承とは、継続を変化ということばで語ることであるのと同時に、変化を継続として語ることでもある。継続と変化の弁証法のなかでは、「新しい」や「古い」という時間による区別は無意味になる。なぜなら、そのなかでは時間は脱節しているからである。理論的関心が流行となるとき、ここで強調している姿勢こそが、わたしたちの生きる時代そのものを相対化することを可能にしてくれる。いまでは思い出す人も多くはないかもしれないが、一九六〇年代――それ以前にも――に文化人類学は西洋を相対化する学問だと主張されていた。当時の「未開社会」の研究は、その主張の重要な基盤であった。では、いまその批判的精神を受け継ぐとなれば、いったいどのようにすればいいのだろうか。いま一度立ち止まり、考え直すべき課題である。

リーディング・リスト

和訳が存在する書物は、発刊年を漢数字にて示した。著者の姓名をアルファベット表記した順序にて配列している。［ ］内には、参照した原典が重要と思われる場合のみ、発刊年を示した。

バージャー、J　一九八六［1972］『イメージ』伊藤俊治訳、PARCO出版。

バーガー、P&Th・ルックマン　二〇〇三［1966］『現実の社会的構成』山口節郎訳、新曜社。

クリフォード、J　二〇〇二［1997］『ルーツ』毛利嘉孝他訳、月曜社。

――　二〇〇三［1988］『文化の窮状』太田好信他訳、人文書院。

――　二〇〇四［2004］『人類学の周縁から』星埜守之訳、人文書院。

コリングウッド、R・G　一九八一［1978］『思索の旅』玉井治訳、未來社。

Dolgin, Janet, David Kemnitzer, and David Schneider, eds. 1977 *Symbolic Anthropology*. New York : Columbia University Press.

Eagleton, Terry 1976 *Marxism and Literary Criticism*. Berkeley : University of California Press.

エリアーデ、M　二〇〇四『シャーマニズム』（上・下）堀一郎訳、筑摩書房。

ガーフィンケル、H　一九八七［1962］『エスノメソドロジー』山田富秋訳、せりか書房。

ギアーツ、C　一九八七［1973］『文化の解釈学』（上・下）吉田禎吾他訳、岩波書店。

Jameson, Fredric 1974 *Marxism and Form*. Princeton : Princeton University Press.

クーン、Th　一九七一［1970］『科学革命の構造』中山茂訳、みすず書房。

レヴィ＝ストロース、C　一九七二『構造人類学』荒川幾男他訳、みすず書房。

――　一九七六『野生の思考』大橋保夫訳、みすず書房。

Malinowski, Bronislaw 1961 [1922] *The Argonauts of the Western Pacific.* New York : Dutton.
——— 1955 [1927] *The Father in Primitive Pyschology.* New York : Norton.
マリノウスキー、B　一九九九［1929］『未開人の性生活』泉靖一・島澄・蒲生正男訳、新泉社。
マルクス、K　二〇〇五『資本論第一巻』（上）今村仁司他訳、筑摩書房。
太田好信・浜本満（編）二〇〇五『メイキング文化人類学』世界思想社。
ポランニー、M　二〇〇三［1967］『暗黙知の次元』高橋勇夫訳、筑摩書房。
サーリンズ、M　一九八七［1976］『文化と実践理性』山内昶訳、法政大学出版局。
Rabinow, Paul and W. Sullivan, eds. 1979 *Interpretive Social Science.* Berkeley : University of California Press.
Sahlins, Marshall 1981 *Historical Metaphors and Mythical Realities.* Ann Arbor : The University of Michigan Press.
サイード、E・W　一九八六［1978］『オリエンタリズム』板垣雄三・杉田敦監修、今沢紀子訳、平凡社。
——— 二〇〇三［2003］『フロイトと非‐ヨーロッパ人』長原豊訳、平凡社。
——— 二〇〇六［2004］『人文学と批評の使命』村山敏勝・三宅敦子、岩波書店。
Schutz, Alfred 1973 *The Collected Papers I.* M. Natanson, ed. The Hague : Martinus Nijhoff.
——— 1976 *The Collected Papers II.* A. Brodersen, ed. The Hague : Martinus Nijhoff.

Taussig, Mihcael 1980 *The Devil and Commodity Fetishism in South America*. Chapel Hill : University of North Carolina Press.

—— 1987 *Shamanism, Colonialism, and the Wildman*. Chicago : The University of Chicago Press.

トムスン、E・P　二〇〇三［1963］『イングランド労働者階級の形成』市橋秀夫・芳賀健一訳、青弓社。

ヴィーコ、G　二〇〇七『新しい学I』上村忠男訳、法政大学出版局。

White, Hayden 1973 *Metahistory*. Baltimore : Johns Hopkins University.

Williams, Raymond 1977 *Marxism and Literature*. Oxford : Oxford University Press.

注

序章　亡霊と痕跡、そして驚き

（1）一九三八年、ジョン・ハモンド——彼は左翼系雑誌『新大衆《ニュー・マッシズ》』に寄稿していたジャズ批評家——が企画し、主催したカーネギー・ホールでのコンサート「霊歌からスウィングまで」以来、ジョンスンは、他のデルタ地域出身のブルーズ演奏家よりも熱い注目を浴びてきた存在だった。その理由には、ジョンスンの卓抜な音楽性だけではなく、悪魔との契約という、白人の想像力を刺激する逸話があったことも否定できない。五九年、サム・チャーターズ（Charters 1975［1959］）の記念碑的著作『ザ・カントリー・ブルーズ』でも、ジョンスンは悪魔との契約をしたミステリアスな人物として語られている。六一年に音源集の第一巻が、七〇年には第二巻がLPにまとめられた。前者は、ジャズの起源として、また真正な——商業化されていない——音楽としてブルーズを捉えようとする視点から、後者は同じブルーズをロックの起源として捉えようという視点から、その音源は選定されていた。九〇年にはCDボックス・セットが出され、同年のグラミー賞（歴史的リイシュー部門）を獲得、翌年一月には五〇万セットが、九四年に一〇〇万セットの売り上げを記録している（Pearson and McCulloch 2003 : 54）。

（2）一九九八年には、ジョンスンの姿を捉えた数秒ほどの映像が存在するという情報が流れた。専門家による詳細な検討の結果、その映像に残された人物はジョンスンではないことが判明した（Schroeder 2004 : 154）。

（3）シュローダー（Schroeder 2004 : 67）の指摘によれば、黒人音楽演奏家のロバート・クレイのこのことばを『風のうなる音が聞こえないか（*Can't You Hear the Wind Howl ?*）』（Meyer 1997）というドキュラマの冒頭に配置したピーター・メイヤー監督は、ジョンスンを賞賛するだけではなく、彼の生きた時代の歴史を回復しようとしている。

（4）わたしも「介入」ということばを、このような暫定的であり、状況への理解を再び開くという意味を込めて使ったし、「脱植民地化」という時代錯誤的という印象を与えかねない概念を再機能化し、文化人類学と隣接領域における問題を整理するのではなく、逆に、複雑にしようとしてきた（太田　二〇〇一、二〇〇三b）。

（5）これは、すでに六〇年代から批判の対象となってきた立場である（Leach 1961）。

第一章　終焉を拒む先住民たちの歴史

（1）英語版の発行部数はすでに一〇〇万部を越え、日本語、ハンガリー語、イタリア語などにも翻訳されているうえ、一九九二年には『部族の最後の者（*The Last of His Tribe*）』（ハリー・フック監督）とドキュメンタリー映画『イシ——最後のヤヒ』（ジェッド・ライフとパメラ・ロバーツ監督）も製作されている（Starn 2004 : 55）。

（2）カリフォルニアのゴールド・ラッシュが始まると、ヤヒが住んでいたミル・クリーク地域に白人が入植する。ヤヒは好戦的であるという理由からその存在が怖れられていたので、ヤヒを殺害する業務を請け負う者（bounty hunters）すら出現した。これまで明らかになった事例だけでも、ヤヒは数回にわたって、そのような業者による集団暴力行為の犠牲となり、一〇〇人以上が犠牲となった（Scheper-Hughes 2001 : 14, 31）。

（3）二〇世紀初頭のヨーロッパでは、戦争には二種類あるという考えが支配的だったという（Mamdani 2004b : 7）。一方において、ヨーロッパの国民国家間では「文明化された」戦争がおこなわれ、他方において、植民地では自然の摂理にもとづいた戦争がおこなわれた。後者は住民たちの絶滅を目的としていた。もちろん、この矛盾——二重の基準——を鋭く指摘する論者もいた。セゼール（一九九七：一二六）は、ヨーロッパ諸国がヒトラーを許さないのは、植民地でおこなわれる殲滅をヨーロッパ内部で展開したからだといい、ファノン（一九六九：五九）も、ナチズムはヨーロッパを突然と植民地にしてしまったという。先住民の殲滅がおこなわれた植民地での出来事が、ナチズムと結びつくのも、もっともなことなのである。

（4）ダムは完成し、一五ほどの村々が湖底に沈んだ。現在、これらの村々は世界銀行などが充分な事前説明もないまま推進した計画により不利益を被ったことへの補償交渉を進めるにあたり、ダム建設が村びとたちに与えた広範な影響を記録している（Johnston 2003：27）。

（5）グアテマラでは、四つほど自らの音楽を「マヤ・ロック」と呼んでいるグループが存在する。ここで紹介するのは、カクチケル語とスペイン語で唄うグループ Ajb'atz' である。

第二章　通過中の民族誌

（1）クリフォード（Clifford 2007：214）自身は、自らの立場を「適度なリアリズム」とよんでいる。それは、リアルな存在を全面的に否定するのではなく、何をもってリアルな存在とするかをめぐって繰り返される争いを焦点化する。なぜなら、リアリズムの問題点は、自らの視点を視点とは認めないこと――つまり、時間と空間とを超越した視点から現実を把握すること――にあるからである（反リアリズムを打ち立てても問題は解決しない。とくに、民族誌の場合、対象となる現実が存在しないとは、何を意味するのだろうか）。時間と空間の制約を否認するという視点も、ひとつの視点なのであるという批判は、それが抑圧してきた存在が発するリアルをめぐる再定義を求める要求であった。

（2）第八章でも、本章と同様に、時間に逆らいテクストを読解するという方法を実践している。フィールド調査での経験は、理論的テクストの読解作法にも影響を与えた。

（3）文化人類学の「死亡宣告」に関しては、わたしの妄想ではない。次を参照のこと。伊豫谷　二〇〇二、酒井・西谷　一九九九、山口・上野　一九九八など。

（4） 未来を予測したレヴィ＝ストロースのことばは、グアテマラでは現実化している。マヤ人のマヤ文化研究をおこなうマヤ人文化人類学者も増えているし、マヤ言語を詳細に研究している記述言語学者も数多く生まれている（第四章参照）。

第三章　歴史のなかのミメシス

（1） T・D・ライスという人物が、脚の不自由だった黒人の歩き方を真似ることに着想を得たのが、ミンストレルの始まりだというのが定説である。

（2） 後日、気がついたのだが、こういう連想をもったのは、当然わたしだけではなかったようだ。たとえば、Wilentz 2004。

（3） 植民国家とは、植民者が先住民たちを（完全ではないとしても）駆逐することにより生まれた国家である。カッコウの卵が他の鳥の巣に産み落とされ、その巣の鳥に成りすまし成長する。植民者はカッコウなのである。

（4） 「伝説上」ということばには、いまだに異論もある。これまでも、彼が実在した人物であることは、民族誌的資料――たとえば、キチェ語で残された *Título K'oyoi* など――によって、すでに明らかであった。けれども、この人物が征服軍との戦いにおいて、どのような位置づけになるのかは、確かではなかった。二〇〇四年に発見された図像資料（*Lienzo de Quauhquechollan*）からの解釈によれば、テクン・ウマンは、実際に征服軍と交戦したといわれている（Akkeren 2007：67）。もっとも、テクンのナワルがケツァルであったことよりも、そこに描かれているのは緑の鷲の羽をまとった戦士であったことから、彼のナワルがケツァルであったという伝説が生まれたのではないかという（Akkeren 2007：64）。

（5） 一九六〇年議会は、毎年二月二〇日を「国家ヒーロー・テクン・ウマンの日」と制定することを議決した。それ以前から、アヤトゥル市はテクン・ウマン市と改称されたが、改称に反対する人々も多く、難しい問題を残した（Otzoy 1999：83-84）。

（6）タウシグ（Taussig 2002b :7）はあるインタヴューで次のように述べている。「彼〔貧しい白人〕はインディアンの呪術を怖れていた。なぜなら、白人はインディアンが特別な力を持っていると思い込んでいるからだ。同じように、インディアンも白人が特殊な力を持っていると思っている。だから、彼は自分の病を治癒するため、低地のインディアンのところに行っては、また戻ってくる。そして、これまでどおりインディアンたちを酷使するわけさ。この話には驚いたよ。結局、それが『シャーマニズム……』の本の中核になっている」。タウシグ（Taussig 2002b :4）はプトマヨの人びとと同じように、米国中産階級の人びとも「人種的投影のネットワーク」に囚われているが、そこではプトマヨでは前景化されていた「魔術的《マジカル》」な要素が抜け落ち、単純に「人種主義」とよばれているとも主張している。

（7）表象とその指示対象との関係の自明性が失われ、表象は不安定になる。そのような、状況をタウシグ（Taussig 1992）は「神経質に揺れ動くシステム（nervous system）」と呼んでいた。最近の著作――たとえば、Taussig 2006――では、タウシグも自らバタイユの思想との親和性を自覚的に書き記している。

（8）ジェイムスン（Jameson 1988）のことばを借りれば、このような媒介をおこなう「悪魔」は、「消失する媒介（vanishing mediator）」とよべるかもしれない。

（9）タウシグ（Taussig 2003：xiii）は、limpieza というスペイン語が持つ古い意味を、コロンビアの若い人類学者から聞いたことを記している。それによれば、このことばには、「呪術により不幸が続いている人や家を清める」という意味もある。この忘れられたことばの意味を再活性化し実践するのが、彼の仕事となった。

第四章　グアテマラ・マヤ系先住民と言語権

（1）このように制度化された文化人類学の定義の妥当性について、ここで検討する余裕はない。ただ、国内にフィールドを求めた民俗学と海外にフィールドを求めた文化人類学との距離は、それぞれの方法論や理論を支えてきた（哲学的）基盤を比較するとき、予想以上に大きいという印象を持っている。

（2）本章の草稿を書いていたころ、二〇〇五年一月一九日に広島高裁が韓国人元徴用工訴訟で国に対して総額四八〇〇万円の賠償を命じる判決を下していた。日本に生きる研究者にとって、このような事件は、いまだ終焉しない植民地主義の歴史について考えることを余儀なくされ、それがグアテマラの先住民研究への視点にも影響を与えるのである。

（3）そのようなマヤ運動への批判として、Morales 1998がある。モラレスの主張については、太田 二〇〇三bを参照。

（4）本章の論旨を超えるため、ここで「アイデンティティの政治」をめぐる理論的考察をおこなうのは不可能である。だが、その検証の方向性だけは示しておきたい。すでに示唆してきたとおり、国家がアイデンティティを法によって管理し、その結果として政治的周縁化が起きているのなら、その状況を是正するのが政治の役割である。これまで「アイデンティティの政治」を批判していきた論者たちは、異種混淆性の主張に顕著に見られるように、批判対象を文化レベルに集約させ、そのうえで論理に訴えてきた。文化と政治との混同である。国家内での資源の再分配の不均衡を是正するとき――それが、政治ということばが目指すものだが――では、同じ批判は有効ではない。問題を複雑にしている一因は、再分配の是正は階級闘争によって達成されるが、「アイデンティティの政治」は承認を求めるというように、両者の目標が分断されて論じられてきたことにある。だが、もしアイデンティティにより、再分配が決定されているのなら、両者を結びつけて考察することが不可欠になる（Mamdani 2004b；Frazer and Honneth 2003；Guiner and Torres 2003）。

（5）ギアツ（Geertz 1973：15）は、「自然の事実としてのモロッコ文化と理論的構築物としてのモロッコ文化を分かつラインは、ぼやけてしまう」と述べている。

（6）本章においても、グアテマラについての事象は、つねにそれを解釈する研究者たちの枠組み――しばしば、理論といわれるが――の再検討をとおして論じる。現実についての知識は、媒介により成り立っているのである。

(7) 二〇〇七年九月、フランシスコ・マロキン言語プロジェクトは、L2レベルでCD-ROMを利用した教材を、アチ、チョルティ、ポプティ(ハカルテコ)、ポコムチ、ポコマム、カンホバル、ツトゥヒルの各言語について準備し、教育省に提供した。ほかに、L1レベル——マヤ語を母語とする話者に正書法と文法を教授する——での教材を、アチ、カクチケル、キチェ、マム、ポプティ(ハカルテコ)、ポコムチ、カンホバル、ケクチ、ツトゥヒルの各言語についても、同時に教育省に提供した。

(8) たとえば、Mascia-Lees and Lees 2003、England 2003 などの論文を含む『アメリカン・アンソロポロジスト』誌の特集を参照。

(9) ヨーロッパの極右勢力は白人至上主義を主張する。そのとき、その勢力が目指しているのは社会全体を支配することである。先住民たちが支配を目指し、「先住民至上主義」を主張しているケースは皆無である。声をあげ主張しなければ消滅へと追いやられかねない人びとの行動を、その論理上の同一性だけに着目し批判するクーパーの立論は、悪意に満ちている。

第五章　文化の所有と流用

(1) サザンとはサザン・レイルロードのこと。(イエロー)ドッグとはイリノイ中央線《セントラル》の別名。

(2) スティーヴ・ウィンウッド(Steve Windwood)は、一九四八年生まれ、The Spencer Davis Group, Traffic, Blind Faith などを結成した英国のミュージシャン。

(3) 本章の草稿を書いている段階で、次のようなニュースが新聞紙上で報道された。菓子メーカー・フルタとフィギュア・メーカー海洋堂は、チョコエッグのおまけとして入っているフィギュアの著作権をめぐり係争関係にあった。二〇〇四年一一月二五日、大阪地裁は、フルタに対して原型使用料の未払い分の支払い命令を出したが、海洋堂の主張であるフィギュアの著作権請求は棄却した。その理由は、海洋堂作成のフィギュアは著作権法が守るべき創造性に欠けるというのである。

（4）一九一五年、クローバーに保護されていた「イシ」も、サンフランシスコで開催されたパナマ運河開通を記念した万国博覧会で、鉄道会社のパヴィリオンでブラックフットの人びとと一緒に「展示」に参加する依頼を受けた。しかし、イシはその展示の意味を理解したのか、その依頼を拒絶した(Riffe and Roberts 1992)。

（5）クリフォード（二〇〇三：三二一）によれば、こうして復活しつつあった北米インディアンのひとりを、レヴィ゠ストロース（Levi-Strauss 1985：267）はニューヨーク市の公共図書館で見かけたのである。

（6）タウシグの仕事をここで要約するつもりはない。けれども、ひとことだけ付け加えるとすれば、一方においてベンヤミンが目指したのは、ヨーロッパの歴史から近代により忘却された過去の意味を救済することによって、われわれがいまある現在をどう見るか、その見方を根底から変革し、過去の希望を現在に甦らせることだったとすれば、他方においてタウシグは、同じことをヨーロッパとその他者たちをめぐる歴史からおこなおうとしているといえる（Taussig 1987b：105）。

（7）この小説においては、いくつかの筋が交錯しているが、そのうちのひとつに着目したい。

（8）二〇〇五年一月一九日にも、広島高裁が韓国人元徴用工訴訟で国に対して総額四八〇〇万円の賠償を命じる判決を下した。

第六章　録音技術と民族誌記述

（1）「音響的近代（sonic modernity）」は、Wehiliye 2005 から借用した表現である。

（2）「蓄音器はわたしたちが音楽を聴く聴き方そのものに変容をもたらした」という表現が、技術により経験が形成されるという立場の一例である。これをスターン（Sterne 2003：7）は「インパクト物語（impact narrative）」とよんでいる。

（3）スターン（Sterne 2003：291-292）によれば、缶詰作製技術は一九世紀初頭にフランスで開発されていたが、それが米国で実用化したのは南北戦争前後であった。一八五〇年代になり、カルフォルニアの金鉱発掘者たちは、缶詰にされた魚介類や野菜（トマトや豆）を食べていた。ケチャップのメーカーとして有名な、米国のヘインズ社は七〇年に創業している。また、フランスで開発された死体の防腐法は、その手法を解説した英訳本（*History of Embalming*）が四〇年に刊行され、キリスト教の「最後の一瞥」の慣行（open casket）のために急速に広まった。南北戦争で戦死した兵士を保存し家族に返還するという政府の方針も、防腐技術の大衆化を加速した。多くの死体処理者たちは、政府の庇護のもとその商売を拡大したという。

（4）ここでわたしは二〇世紀初頭のアメリカ民族学局の仕事を支えていた理念に限定し言及しているのではなく、民族誌記述一般について論じている。つまり、ギアツは救済人類学者ではないにもかかわらず、保存文化は彼の民族誌記述をめぐる理論化をも媒介しているのである。

（5）ヘイル（Hale 2006a）は、文化批判派と行動（調査）《アクティヴィストリサーチ》派という対立を、最近の米国人類学内にも認めている。前者が、生産された知識をとおして政治性を主張するのに対して、後者は実際の政治状況への積極的関与を目指す。また、前者の方法論は解釈学的であり、その結果知識は不確定性によって特徴づけられるが、後者のそれは、実証主義的社会科学であり、確定性を留保する。ヘイルによれば、前者が米国人類学では支配的だが、彼の調査地であるラテンアメリカ諸国では、文化批判派ははっきりと主張できる知識を提供することが少ないため、社会運動家たちを失望させるだけであるという。前者の第一のコミットメントは大学や学問に対してであるから、しばしばそのような結果を生む（Hale 2006a : 104）。ヘイル（Hale 2006a : 115）は、最近のA・ツン（Tsing 2005）の仕事――ツンは現地の政治的社会運動家たちと連帯《コミットメント》しない人類学は、政治的にも知的にも非生産的であると主張――を好意的に紹介した後、いわゆる行動（調査）派は、大学と現場の両方に対してコミットしているため、政治的状況に関与すると同時に人類学の方法論をも変革する可能性を秘めているという。たとえば、調査トピックの選定から資料分析までを貫く現地の人びととの共同作業、その結果の現地への還元、さらには、現地の人びとに対する説明責任というように、行動（調査）派の調査は、これまでの人類学では理論化されることが少なかった諸問題をすでに数多く提起しているというように。ヘイル（Hale 2006a：115）は自らの立場を、文化批判と客観的社会科学の両方に対して敏感になるという「あまり居心地のよくない」ものだと認めつつ、それは現在の複雑な政治状況により求められていると述べている。両派のバランスを保ち、両派を補完的に想定するというのが、彼の結論である。少なくとも、文化批判派にはおおいに不満を抱いている。

わたしは、ヘイルが批判する文化批判派のひとりである。わたしが、その立場を堅持する理由は、人類学的知識は、社会運動とは馴染みづらい不確定性を含んでいるということにつきる。社会的コミットメントをめぐる立場の違いは、人類学的知識をどう捉えるかという認識論的見解の相違でもある。クリフォード（二〇〇三）が報告しているように、部族認定をめぐる「マシュピー裁判」では、原告の証人として専門的知識を提供した人類学者たちの発言は、法廷では歴史家や社会学者たちの証言と比較されたとき、「歯切れが悪い」という印象を与えた。そういう印象を与えた理由は、法廷は白黒決着をつける場所であり、曖昧さ、アイロニー、再帰性のような不確定性も許さない場所であったからである。ヘイルは両派のバランスが重要だという。だが、結局ヘイル（Hale 2006a：115）は、両派を文化批判と客観的社会科学という対立として描き出し、前者は大学で教えるために、後者はフィールドで自らの知識の権威を保証するために、というように使い分けを推奨しているにすぎない。ヘイルのいうバランスが現地へのコミットメントの方に大きく傾けば、行動（調査）派は、他の社会運動や非政府団体の活動と同じになってしまう。行動（調査）派にとり、何が人類学なのか、自らの実践をどう人類学へと還元するのか、などという疑問は、ヘイルのいうバランスを失わないためには、忘れてはならない疑問であろう。そして、行動（調査）派からのそれらの疑問への解答——あるいは、さらなる問題の提起——が、両派の関心を連結する役割をはたすことになる。わたしも、その成果にはたいへん興味を抱いている。だが、「現地の人びとを助けている」から人類学だというのは、まったく解答にはなっていない。

第七章　ネオリベラリズムが呼び起こす「人種の亡霊」

（1）　Q'ajoy iy のカクチケル語による別名は、Q'eq。*Dictionario Kaqchikel*（N. Cojti et al 1998）には、スペイン語で tronchador と表記されている。Qajoy は、qajonïk という「折る、割る」という意味の他動詞を人称名詞化し、iy は「背中」を指す名詞。

（2）　ラディーノと「インディヘナ」との区別を「人種」ということばで語ることには批判があるかもしれない。しかし、「人種」＝生物学的要因、エスニシティ＝文化的要因、という区別は、そもそも両者が混同して使われるグアテマラでは有効ではない（Hale 2006b : 210）。本章は、現在進行中のグアテマラ社会の人種関係を、国家形成過程に起因する（マムダニのいう意味での）「政治的アイデンティティ」であると再考するプロジェクトの一部である。すなわち、マムダニ（Mamdani 2004a : 21ff）は植民国家形成過程において発生する人種関係とそれを土台にした政治組織——外来（非土着起源）と土着とを区別し、前者は後者を文明化する責務を負い、前者はさらに主的人種と従属人種とに区別され、後者は慣習法的権威下、分断して統治されている——を分析している。グアテマラの例にそれを応用すれば、ラディーノは従属的人種（subject race）、インディヘナが土着の「エスニシティ集団（ethnic group）」といえる。両方のカテゴリーが国家形成過程で生まれたことは、すでに論じられてきている（Smith 1990）。次の①―④の諸項目は、マムダニがアフリカの植民国家の特徴としてあげている事項とも符合する。たとえば、①「インディヘナ」は独立後、負債懲役制（habilitación）のもと隷属労働の対象であり、その後もウビコ政権下における浮浪禁止法（vagrancy law）のもと、強制労働の的にされた。つまり、インディヘナというアイデンティティが法制度によって管理されているのである。また、②郡（ムニシピオ）単位の土着権威のもとで統治対象になったこと。さらに、③支配階層（欧州系グアテマラ人）は純血を主張し、ラディーノに対して主として振る舞い、ラディーノは従属する。④ラディーノとインディヘナとは、前者は文明化の主体、後者はその客体という関係にある。ここ二〇年くらいの間に盛んになった「マヤ」という自称は、郡のローカルな権威のもと生活してきたインディヘナたちが、国内で郡のローカルな権威を超えた団結を表明するため創りだしたアイデンティティである。その意味で、「先住民（indigenous people）」というグローバルな連帯から生まれたアイデンティティと同様に、（マムダニのいう意味で）政治的である。

（3）「人種の亡霊」の概念は、グラント・ファレッド（Farred 2006：41）を参照している。また、フロイト（Freud 2003［1919］）の「不気味なもの」も示唆的である。

（4）国際通貨基金と援助国は、和平合意後には二〇億ドルの援助を約束していた。

（5）日本でも、ネオリベラリズム導入により若年労働層が二極分化——一部の「セレブ」層と貧困層——している。とくに、貧困層の不満や怒りは、すでにいろいろな社会的ひずみをうみだしているのではないか。

（6）カクチケルの人びとの記憶では、軽微な犯罪を慣習法によって処罰することなどは、一九七六年チマルテナンゴ県下の村々を襲った大地震前まで、村落単位で機能していたので、まったく新しいことではない。慣習法により処罰をおこなう組織は、村長らの下に村の権力者、さらに数名の若者が実働部隊となり、犯罪者を取り押さえた。刑務所に監禁することや罰金は、村長が決定した。歴代村長のなかには、権力を濫用し、多額の罰金——それが支払えない場合は、土地の没収——を科し、私腹を肥やした者もいたという話は、後を絶たない。

（7）現在では、一九八五年憲法の四六条——人権項目に関する（批准済み）国際条約は、国内法より重視される——と（グアテマラも九五年の批准済みの）ＩＬＯ一六九号条約——これによれば、普遍的人権が認める範囲内で慣習法による統治が認められている——を通して、個別ケースが法廷で争われている（Seider 2007：211-222）。

（8）ヘイル（Hale 2006b：146）は、最近のラディーノ研究で、ラディーノたちの持つ「蜂起するインディアンという亡霊（specter of the insurrectionary Indian）」という表現で、ラディーノの政治的想像界——

恐怖、欲望、怒り、罪悪感などの強い感情の集合——について言及している。

（9）二〇〇五年一月、村の婦人人権団体が最高裁（Corte Supreme de Justicia）に出向き、警察官二名と判事一名とを村の職務に復帰させてほしいと陳情した。ロンダでの銃の所有と目だし帽着用を禁止するという条件で、警察官と判事は復帰した（ロンダも〇六年夏には活動を一時休止していた）。婦人団体の活動家の話では、判事は家庭内暴力などの調停には、不可欠であるという理由で、復帰の陳情をおこなったという。

（10）慣習法の時代では、鞭打ちの際に、牛の革を編んだ鞭（pach'un tz'un）を利用することはなかった。代わりに利用したのは、カリンの木の枝（ruqa anprina）であった。鞭は、慣習法の時代に、警備にあたる青年集団（注6を参照）が使った。

（11）一九九六年から二〇〇二年まで、報告されているリンチ、ならびにリンチ未遂事件は、四八二件。九一三名がその犠牲になり、二四〇名が死亡している（MINUGUA Report, 2002, cited in Seider 2007 : 211, n. 70）。

（12）二〇〇六年九月六日付けの『プレンサ・リブレ』紙は、ウエウエテナンゴ県サン・ミゲル・アカタン町で実施されている八四項目にもおよぶ禁止行為について報道している。たとえば、男性の長髪やイヤリング着用禁止、平日の酩酊状態禁止から二一時以降の外出禁止など。最高裁（Corte Supreme de Justicia）のルイス・フェルナンデス・モリナ（Luis Fernadez Molia）のコメントには、いかにこれらの項目が人権違反かが述べられている。

（13）一八七〇年代には、モモステナンゴで、一八八四年にはカンテル（Cantel）で、一八九〇年代にはコバン県で、一八九八年サン・ホアン・イシュコイ（San Juan Ixcoy）で、また一九三〇年代には、ネバフで、それぞれ叛乱がったという報告がある（Handy 1989 : 192-193）。

（14）この年には、パツシア近郊のサン・アンドレス・イツァパ町でも蜂起が起きた。また、ケツァルテナンゴ県サン・ホアン・オストゥンカルコ村、さらにはチチカステナンゴ町でも、蜂起が計画されていたという（Adams 1990 : 144）。

（15）ウビコ（Jorge Ubico）大統領の辞任後、後継者を自認するポンセ（Federico Ponce Vaides）将軍が暫定大統領の座につく。だが、都市中産階層を中心に国民の支持はアレバロ（Juan jose Arevalo. ツクマン大学哲学教授）にあり、一二月の選挙で勝利する見込みが薄いと判断したポンセは、北西高原地帯の田舎にいる先住民たちに対して、支持と引き換えに、敵国人であったドイツ人から接収した農園を分配するという提案をする。だが、結局ポンセは政権を維持できず、一〇月二〇日に辞任。ウビコは米国に亡命した（これが「十月革命」である）。先住民は、ポンセの復帰と彼が約束した土地を要求し、蜂起したのである（Handy 1989 : 194 ; Adams 1990）。

（16）ここで誤解のないように付言しておけば、わたしは「テロルの文化」は九・一一以降の世界全体をも覆っているとも考えている。それは、二〇世紀初頭のコロンビアやグアテマラに限定された特徴ではない（注5も参照）。

（17）二〇〇六年、グアテマラ各地で「Guate-Amala」と「Guate-Maya」という表現が聞かれた。前者は、グアテマラ国家を愛するという意味で、「皆、平等なグアテマラ人だ」という立場表明である。したがって、マヤ民族の特殊性や文化的独自性を主張するのは、逆差別にあたるという。それは、多くはラディーノが表明している立場だ。後者は、マヤという立場を堅持し、先住民を排斥してきた政治を問題化する。その歴史に立ち返ることなく、グアテマラ国家の民主化はありえないという主張が込められている。マヤという文化的独自性を保持したまま、グアテマラへの参加を表明する。もちろん、前者からすれば、後者の主張はグアテマラを分裂に導く極論にすぎないことになる。

（18）ヘイル（Hale 2006b : 133）は、バリバール（Balibar 1991）のいう「転回効果（turnabout effect）」に基づいて、グアテマラでマヤたちからの集団的権利を要求する声を支持する人権活動家たちが、人種関係の悪化を促す――「人権活動家が人種主義者になる」――論理のねじれを指摘する。この議論の根底には、市民社会の公共圏への参加は平等が条件であるという前提がある。だが、もし、あるアイデンティティによりそこから排除されてきた人々が、その排除の歴史を問題化し、「平等な」ということばが隠蔽する排除の構造を指摘しようとすれば、そのアイデンティティにこだわるしか方法はないのではなかろうか（Calhoun 1994 : 3）。

（19）マヤの数値単位の一バクトゥンは、一四四〇〇〇。マヤ暦では、紀元前四一一三年八月一二日を基点として計算を開始するから、一三バクトゥンの最終年は、二〇一二年にあたる。ハカルテコの文化人類学者ヴィクトール・モンテホ（Montejo 2003）は、*Oxlahn B'aqtun* という詩集を発表している。モンテホは、最近のマヤ運動の高まりは、一三バクトゥン内で起きている社会現象であると述べている（Montejo 2006 : xxi）。一三バクトゥンが最後のサイクルとなるマヤ暦は終末論ではなく、これまで衰退していたものが再活性化するという意味で、文化復興である。

（20）彼は、「われわれの民族」という意味で、qawinäq という表現をした。ちなみに、リゴベルタ・メンチュウは、二〇〇七年度グアテマラ大統領選挙に「ウィナック（Winäq）」党――その呼称は「マヤの人びと」全体の団結を表明している――から出馬しようとしたが、登記が遅れ、結局はモンテネグロ候補との合作で、「グアテマラ出会いの党（Encuentro por Guatemala）」から出馬した。〇七年八月三一日の午後、チマルテナンゴ県のある村。メンチュウや同党の村長候補者の声を聞こうと、教会前の広場に集った人びとは、総勢五〇〇名は下らなかった。

（21）新党は、「グアテマラ出会いの党」で、その支持率は、ある統計調査によれば、約四パーセントであり、支持率第五位である（二〇〇七年八月下旬現在）。ファジャ（Falla 2007）は、ボリビアのモラレス大統領と比較し、メンチュウが先住民から支持されていない理由をいくつかあげ、グアテマラ先住民の大統領候補者の直面する課題として、先住民全体からの支持を獲得するための基盤となるべき組織形成が重要であることを指摘している。同様の分析は、NISGUA（Network in Solidarity with the People of Guatemala）のサイト（http://www.nisgua.org/news_analysis/index.asp?id=3006）でも読むことができる（二〇〇七年一〇月現在）。

（22）マカリスター（McAllister 2003）はチュポル村での研究から、キチェ語で「k'amal b'e」と表記している。カクチケル語では、k'amol b'ey が一般的。このような村の指導者は、uk'way b'ey とも呼ばれる。道という概念は、村落共同体の中心的エートスを表現している。

（23）クリフォード（Clifford 2000）は、内外からの一連の批判によって分解してしまったかのような様相を呈する人類学について、この学問の特徴のうち今後も重要であり、さらにこの学問を発展させる可能性のある二点を指摘している。そのうちの一点について、次のように述べている。「しっくりフィットしないモノ、記憶に呼び戻されたり、あるいは再び掘り起こされたりした別の選択肢、創発的場所など、まさにそれらのなかに、わたしたちはユートピア的で、世界を変換しうるヴィジョンや実践を探すのである」と（Clifford 2000 : 103）。ここで、クリフォードは、グローバル化の時代において、忘れかけられた人びとに着目し、拙速に結論に飛びつかず、ローカルな現象の前に驚き、躊躇する「時代の目に逆らう（brushing history against the grain）」かのような学問的姿勢を、これから人類学がさらに発展するためには、不可欠であると主張している。

第八章　ルース・ベネディクトと文化人類学のアイデンティティ

（1）*Patterns of Culture*（ここでは『文化のパターン』と呼ぶ）は、『文化の型』として、一九七三年に翻訳されているが、絶版となって久しい。また、『菊と刀』は、一九四八年の翻訳以降、「定訳」として刊行が継続している（『菊と刀』からの引用については、注18を参照）。しかし、現在の文化人類学界において両者を学説史上の歴史資料という以外に価値を見出す論考は皆無である。唯一の例外は、『メイキング文化人類学』におけるベネディクトに関する考察である。だが、そこでも慶田（二〇〇五：一三八）は、「フィールドワーカーとしてのベネディクトに焦点を合わせる」立論をおこなっている。つまり、彼女の想像する文化人類学全体よりも、これまで等閑視されてきた彼女の一側面に着目している。したがって、ここで提示する論旨とは異なった主張である。注13も参照。

（2）浜本（二〇〇五b）は、マリノフスキーの主張する機能主義の生成の根底には、自らを自我の崩壊の危機から救出しようという意志があるという。『日記』に残されているように、トロブリアンド諸島の多様な日常性に直面したマリノフスキーは、自我の崩壊という危機に直面する。その危機を脱するためには、日常の経験に秩序を見出す必要がある。つまり、トロブリアンド諸島社会では、偶然の事象、無関係の出来事はなく、すべてが有機的関連のうちに存在するという理論が、マリノフスキー自身をも救うというのである。その結果が、『西太平洋の遠洋航海者』という民族誌として成立したという。

（3）ベネディクトがおこなったフィールド調査は、おもにプエブロなどサウスウエストの先住民文化を対象にしていた。しかし、その調査期間は当時の基準からしても短期間であり、現地語を習得してもいない。

（4）日本では、ベネディクトという人物――（文化人類）学者というよりは、その人物像――に関する関心の度合いは高いようだ。その証拠に、彼女の伝記のうち、人物像に焦点化した翻訳は複数存在する（たとえば、Caffrey 1989［一九九三］；Lapsley 2002［一九九〇］）。

（5）現在では有効でない思想と、いまだに救済に値する思想との峻別は、ベネディクトの場合に限らず重要である。たとえば、ベネディクトやその師であるボアズたちがおこなった「人種概念」への批判が、現在でも継続する人種差別という社会制度を批判するには有効であるとは思えない（太田　二〇〇三b：五三）。また、戦争や紛争の原因が文化をめぐる誤解にあるという彼女の見解にも、賛同する者は少数に違いない。

（6）浜本（二〇〇五b：七一）は、集中調査――現地に長期滞在し、参与観察をとおした調査――が、不可欠だという発想の裏には、「現地に行けば、なんでもわかる」という素朴実証主義の存在を読み取っている。

（7）ベネディクトは、情報とその解釈の枠組みとを弁証的に把握する姿勢を、ボアズから伝授されたに違いない（Caffrey 1989：271）。一九三七年、ボアズ引退後、コロンビア大学人類学部長には、ラルフ・

リントンが着任する。ベネディクトとリントンとの不仲は有名であるが、その一因に、リントンはここでいう客観的情報を集積することが文化人類学的知識であるという見解を保持していたことがあるようだ（Caffrey 1989：277）。

（8）デリダ（二〇〇七：二二八）は、マルクスとエンゲルスのこの著作の場合、「これから来るはずの現前性を予告し、呼び求めていた」といい、過去だけではなく、いまだ現前しない未来も、この反時間性という概念で示している。

（9）研究対象者が民族誌を読み批判する、あるいはその資料を継承し、文化復興に役立てるという現象——第二章では、「受容の政治学」とよんだ——は、人類学の成立基盤が複雑な歴史を背景にしていることだけではなく、民族誌というジャンルの書物が持つ、予測不能な可能性をも示唆している（クリフォード　二〇〇三；Brettell 1993；太田　二〇〇四）。

（10）慶田（二〇〇五：一五六）は、日本では『菊と刀』が、多くの場合——大学のゼミや講義において——「オリエンタリズム的なテクスト」として機能していることを指摘している。それだけ、よびかけが強いのであろう。けれども、このよびかけ機能によりつくられた主体を翻訳し、そのよびかけ機能から離脱することもまた可能である。よびかけにより生み出される主体は、ナショナルな存在には限定され得ないという経験から、本章での議論は組み立てられている。

（11）ベネディクト（一九九七）の『日本人の行動パターン』の訳者たちは、歴史的文脈を強調するあまり、かえってベネディクトの思想の可能性を矮小化している。

（12）マーカスとフィッシャー（Marcus and Fischer 1986：119）は、一九八〇年代の米国ともっとも類似した知的環境にあるのは、大戦間期だという。現在活躍中の文化批評家たちの多くは、自らの仕事の先達を大戦間期の批評家たち——たとえば、ドイツのフランクフルト学派、フランスのシュルレアリスト、さらには米国のドキュメンタリー作家や写真家——に見出している、というのがその理由だ。わたしは、そのような知的環境の類縁性は、八〇年代の米国社会と大戦間期に不況が世界を覆いつくした時代との類縁性から生まれたのではないかと考えている。もちろん、八〇年代の米国社会と九〇年代後半からの日本社会も似た状況にある。理論は時代に決定されはしないものの、時代から完全に自立し得ない。

(13) 慶田(二〇〇五:一四〇)は、これまでの文化人類学では、『菊と刀』を「人類学理論一般の中で」論じてきたと指摘する。それは、この書物がこれまで「文化とパーソナリティ論」の先駆的仕事として位置づけられてきたということにすぎないだろう。むしろ、彼女の理論的貢献は、それ以外には充分に評価すらされてこなかった。ここでわたしが試みようとしているのは、彼女の文化理論を忘却の淵から救済することである。

(14) そもそも人間の多様性に人間の未来をかけた学問が文化人類学なのだから、学問内の多様なアプローチが学問の全体像をぼやけさせてしまう。そのため、この学問がわかりづらいのは当然であるという主張もある(浜本 二〇〇五c:三〇〇)。けれども、文化人類学の「わかりづらさ」は、多様なアプローチが繁茂し、この学問の核――すなわち、本章では、「文化人類学のアイデンティティ」とよんでいるが――が存在しないからではなく、その核となるものそれ自体が反直観的であるため、「わかりづらい」のではなかろうか。

(15) 誤解のないように付言すると、わたしは、フィールド調査が不必要だ、という主張しているのではない。いまでも、文化人類学の知識形成において、フィールド調査は重要であると考えている。ただ、フィールド調査の資料をどう考えるか、フィールドでの経験をどう理論化するか、という再帰性を無視してしまうことには反対である。フィールド調査中に、調査者の分析枠組みや理論を変更させないまま、収集した資料を自らの分析枠組みに当てはめるという研究スタイルは、きわめて非人類学的であるとも考えている。

(16)『菊と刀』は、ベネディクトの最大の自信作であった、と後年ミード(Mead 1974:64)は回想している。

(17) シュナイダーやギアツ――後者の弟子筋にあるのが、ピーコックだが――は、自称「ボアズ派」である。また、ミード(Mead 1974:48)は、ギアツの仕事のいくつかの側面は、ベネディクトの発想に似ているという。歴史家ストッキング(Stocking 1974:1)は、ボアズが二〇世紀初頭から、制度ならびに理論的側面の両方で、米国文化人類学の特徴を規定したと述べている。

(18) 『菊と刀』は、長年「定訳」として流通している。しかし、文化の概念に関する箇所――多くは、第一章――では、微細な訳語の選択が大きな理解の差異を生むため、本稿では定訳を参照しつつも、原則として原典を参照した。したがって、とくに断ってはいないが、引用は「定訳」と異なる場合もある。「定訳」からの引用は、〔 〕内に漢数字で示した。

(19) ここで前提ということばで訳しだしたのは、assumption (s) である。『菊と刀』の定訳において、assumption (s), premise (s), taken-for-granted、さらには、レンズということばによる比喩は、それらの概念的連関性が充分に把握されないまま、異なった訳語が割り当てられてしまっている。たとえば、premise (s) を「仮定」と訳した場合、日本語のニュアンスからは、文化という概念のもつ形而上学的意味が消えている。キー概念の不適切な訳が、これまでベネディクトの文化概念を理解するときの障害になってきたのかもしれない。

(20) これは、コミュニケーション論において、冗長性(redundancy)がメッセージの伝達の前提になっているという議論の先取りになる。ベネディクトにとり「知っている(know)」とは、当然のことなので、あえてそれを説明したりしない、ということ。すなわち、「暗黙の〔了解〕(taken-for-granted)」という意味なのである(Benedict 1946〔一九四八〕:18〔二四〕)。

(21) 文化とパターン化された行動との間にある概念的差異は、一九六〇年代後半からギアツやシュナイダーらが牽引した「解釈人類学」や「象徴人類学」において、繰り返し主張されてきたことである。サーリンズ(Sahlins 1975)も『文化と実践理性』において、この差異を前提して議論を構築している。

(22) ベネディクトの師であるF・ボアズ(Boas 1974〔1904〕:28)は、「文化メガネ(*Kulturbrille*)」というドイツ語で、われわれが文化内存在であり、文化それ自体を対象化することの難しさについて言及していた。さらに、ベネディクトとほぼ同じころ最初の著作を刊行しているゾラ・ニール・ハーストン（Hurston 1990［1935］）も、自らにとり「下着のようにぴったりと馴染んだ」文化を対象化するためには、「人類学というスパイグラス」が必要だったという表現をしている。レンズの比喩はボアズ、ハーストン、そしてベネディクトに共通するものの、それぞれ異なったかたちで援用されている（詳しくは、太田　二〇〇三b）。

（23）一九九〇年代初期には、冷戦構造崩壊にともないマルクス主義の権威失墜が起きた。社会運動も対抗文化――フェミニズム、エスニシティ運動、ゲイやレスビアン運動、先住民運動など――を機軸として再編され、旧来の左翼の中心であった階級運動は弱体化した。そのような状況下、マルクスが批判し介入していた言説――ヘーゲルや左翼ヘーゲル派――を再構成し、そこでの彼の議論を、ポスト冷戦構造時代の米国内の言説――たとえば、政治学者ハンチントンやフェミニスト論客――と対比させ、マルクスの有効性を方法論のレベルで検討した作業もあった（Meister 1990）。ベネディクトの『文化のパターン』の読解は、現代社会における文化人類学――わたしは、おもに日本の文化人類学を念頭においているが――の位置やその現状状況に対して、批判的介入を可能にしてくれる。

（24）文化人類学の歴史において、人間を文化によりはじめて形成される存在であるという認識に異を唱える者はいない。ボアズは文化による媒介を、人間を拘束するものとして捉えている（太田　二〇〇三b：六五）。文化人類学は、そのような拘束から人間を解放する。もちろん、それが無理だという結論を下した研究者もいる（たとえば、Needham 1972）。

（25）残念ながら、当時の文化人類学者たちが文化崩壊に直面した先住民たちをどれだけ理解していたかは不明である。最近、哲学者の仕事のなかに、文化人類学とは異なったアプローチであるにせよ、ベネディクトが観察していたように、崩壊に瀕した先住民文化について、再帰的思考をおこなう例がある（Lear 2006）。

(26) サーリンズ (Sahlins 1976) も、フランス構造主義とベネディクトを含めたボアズ派文化人類学とが同じ文化主義的発想に立つという、わたしには強引とも思える解釈をおこなっている。彼の評価では、資本主義のメカニズムを明らかにしたマルクスでさえも、その後期の思想においてはとくに、西洋功利主義的発想から完全に自由ではなかったという。サーリンズにとって、社会現象を経済学や社会生物学によって説明しようという立場は、西洋文化の押し付けにすぎないことなる。

(27) ヴァッサー大学の級友たちは、移民の米国文化適応を援助するキリスト教慈善団体 (settlement project) などをとおして、社会福祉事業に参加していた。まるで、現在のアクティヴストたちのようであった。だが、ベネディクトは社会福祉活動には参加せず、それを無視する富裕層に貧しい人びとの現実について啓蒙するという立場を貫いた (Caffrey 1989 : 59)。

(28) ベネディクトは『文化のパターン』において、「アポロン的」と「ディオニソス的」という概念をニーチェの『悲劇の誕生』から借用したことは有名である。彼女はすでにヴァッサー大学二年生のころから、ニーチェの著作に傾倒していた (Caffrey 1989 : 54)。ニーチェは形而上学の克服を目指した哲学者だ。そして、形而上学が時間と空間を超越した存在を探求する学問だとすれば、ベネディクトは、ある社会の成員たちには形而上的存在——すなわち、時間と空間を超越した普遍性を持つ自然なあり方——である文化を意識化させるという、いわば形而上学の克服をおこなっている。その点で、ニーチェの影響を彼女の思索の深いレベルで感じとることができる。

(29) 岡本太郎 (一九九九 [一九五四] : 二二九) の、「芸術とは何か」という問いをめぐる刺激的論考は、ベネディクトの主張と重なる部分が多い。たとえば、「われわれの生活感情の中で、当然のことだと見すごされている、いやむしろ、美点だと安心させているようなものをこそ検討してみる必要があります」と、述べている。すでに指摘したが、ベネディクトの文化理論を考察するとき、(ミードが解釈したように) 心理学との類縁よりも、美術史との類縁を探ることにより、これまでとは異なった視点からベネディクトの著作を解釈することが可能になるだろう。

（30）レヴィ＝ストロース（一九七〇〔1952〕）は、戦後まもなくユネスコからの求めに応じて、『人種と歴史』を執筆する。国際連合の成立経緯からも明らかだが、ユネスコもホロコーストなどの経験をとおして、普遍的立場から人種差別など国家がおこなう非人道的行為を批判できる思想を求めていた。レヴィ＝ストロースは、普遍性への希求や平等主義宣言を「何か欺瞞的なもの」、野蛮人とは人類の一部を野蛮と分類する人であるというように、相対化を主張したためユネスコから顰蹙を買っている（ここでいう「顰蹙を買う」とは、ネガティヴな意味ではない。当時急速に高まりつつあった人権重視の世論が、ともすればその熱狂のなかで忘れがちになる論点を指摘したから、顰蹙を買ったのである。熱狂は思考のなかに惰性を生む。知識が緊張感を失い、ドクサと化す傾向への歯止めという意味で、レヴィ＝ストロースの介入は、本質的に「文化人類学的」であったということだ。注29も参照）。

（31）『名高き人びとをいざ讃えん（*Let Us Now Praise the Famous Men*）』（Agee and Evans 1988〔1941〕）は、一九四一年に刊行されたものの、アラバマ州でのルポルタージュ取材は不況下の三六年夏におこなわれた。この書物は、南部物納小作人たちの窮状について知ると、同情の念しか抱けない当時の読者からは、まったく支持されなかった。「読者を疎外する」書物といわれていた（Stott 1986：293）。エイジーと写真を提供したエヴァンスは、貧しさのなかに美しさを発見し、それをどう描くか、苦慮している。貧困が美をつくりだすのなら、貧困を改善すれば、その美は失われるのではないか。また、貧困の真只中にある者は、永遠に自分の美には気づかない。富裕層の読者は貧しい人びとの存在に美など認めない。エイジーとエヴァンスは、これらの問題に再帰的にとり組んだ結果、それまで支配的だったルポのジャンルと読者の期待の地平を破壊することになる。このエイジーとエヴァンスの著作が、ベネディクトの『文化のパターン』とは、異なったジャンルに帰属するものの、その視点は重複するのではないかと考えている。

（32）マリノフスキー（Malinowski 1961〔1922〕）が『西太平洋の遠洋航海者』において、自らの経験から導きだしたかのように提示する「フィールド調査者」像には、トロブリアンド諸島社会の複雑な現実を理解できずに悩み、そのため結論を導きだすことを逡巡し、曖昧さをそのまま受け入れようとする姿勢は、あっさりと消去されている。それは、文化人類学を科学として確立するためには必要であったに違いない。浜本（二〇〇三b）によれば、そのような逡巡する彼の姿は、むしろ『日記』（Malinowski 1967）に痕跡として存在する。

（33）カクチケル王国の最後の指導者であったカヒィ・イモッシュ（Kaji' Imox）は、一五四〇年ペドロ・デ・アルヴァラードの軍勢によって、現在のアンディグア市で処刑されている（Hill 1992 : 22；第三章も参照）。

（34）「民族誌的驚き」にこだわり続けてきたのが、タウシグである。たとえば、タウシグ（Taussig 1987）は、二〇世紀初頭コロンビア・プトマヨで起きていた先住民殺戮について実態調査したケイスメントによる功利主義的説明に不満をいだき、先住民とそれを使役するゴム採集業者たちの両方が囚われている「テロルの文化」の存在を指摘している。また、保苅（二〇〇四）は、オーストラリア先住民グリンジの人びとが白人の祖先として語る「ジャッキー・バンダマラ」という人物をめぐり、その語りを知識から排斥し、抑圧する歴史学に対して反省を促す。

（35）クリフォード（二〇〇三［1988］：一五一〔引用者改訳〕）は、民族誌とシュルレアリスムの両方が「文化的秩序に対してとる近代的姿勢」に共通点を見出す。それは、安定した秩序や意味の構造に対して著しく懐疑的な態度である。これまで述べてきたように、文化的秩序を前提にしているかのようにみえるベネディクトでさえも、文化変容の起動力を提供する不適応者の存在を認め、文化の不安定さや調和の欠如を無視していない。しかも、エイジーとエヴァンスの仕事を比較しても、ベネディクトの再帰性は無視しえないのではないか（注31を参照）。

（36）社会の常識や価値観を批判し、人びとの行動パターンを変化させることが、文化人類学者としてベネディクトが選択した社会との関わり方であった。したがって、直接行動に参加することや自らの分析が研究対象のおこなう運動の資料となることなど、想定してはいなかったであろう（注27を参照）。

謝辞　日本コミュニケーション学会のご招待により、今回ルース・ベネディクトについてお話しできる機会を持てたことに、たいへん感謝しています。

文化人類学も他の学問同様に公的営みです。けれども、文化人類学には私的な面もあります。たとえば、ベネディクトは、わたしにとって、忘れることができない文化人類学者のひとりです。わたしが高校生のとき、米国留学中に文化人類学に出会った後、帰国後最初に読んだ本が『菊と刀』でした。それから、米国の大学、大学院と勉学を継続するなかで、繰り返しこの本を読むことになりました。いまでは、わたしの持っている社会思想社・教養文庫の頁は汗と日差しで、黄ばんでいます。原典のほうはといえば、カヴァーがボロボロになり、補修テープで修繕されています。

『菊と刀』を前にして、インフォーマントという呼びかけから解放され、それを理論的テクストとして理解するようになれたのは、一九八〇年、ミシガン大学大学院での「文化分析1」というセミナーにおいてでした。シカゴ大学で教鞭をとっていた故D・シュナイダーの指導のもとで、オセアニアのヌクオロ島で調査研究を積んだ教授が、そのセミナーの担当でした。当時、『菊と刀』は日本研究者の間ですら、正面から論じられることのない、歴史資料という以外には価値のない本となっていました。担当教授は、『菊と刀』を数冊あったテクストの一冊に選定しました。彼のセミナーをとおして、日本文化研究や心理分析ではなく、文化理論の書として『菊と刀』を読むことが可能であることを、初めて学びました。

すでに、そのセミナーで学んだ『菊と刀』の読みを紹介したことはあります（太田　一九九四）。それから一〇年以上も経過し、今回の基調講演に向けて草稿を準備する段階で、わたしは記憶を辿りながら、ふたたびベネディクトのテクストに対峙しました。文化の差異を経験し、その経験を理解するために人類学という学問を知ったときの喜び、そして解放感。もう、そんな感情の震えを実感することはできません。けれども、そのセミナーで学んだ『菊と刀』への向き合い方――もちろん、本論で展開した個別の解釈の責任は、わたしが負いますが――は、文化人類学のアイデンティティそのものが揺らいでいる現在だからこそ、ここで再び伝えておく価値があるように思ったのです。

わたしは、米国で文化人類学を学びました。当時も、そして現在でもいえることですが、理論の傾向だけをとってみても、文化人類学は一枚岩ではありません。G・ストッキングのように、国ごとに学問の特徴や「伝統（national tradition）」を論じるのはいささか奇妙な気がしますが、文化人類学の多様性に着目するためには、そういってしまうのが簡単かもしれません。だからといって、日本文化人類学の歴史から他の「伝統」の影響を完全に排除し、日本独自の発展があったという幻想を抱いている研究者はいまではさすがに少数派でしょう（柳田國男は、日本民俗学を国外の潮流から排除するようにして確立しようとしましたが）。

そのような前提を受け入れたうえで、もし日本にも独自の文化人類学があるのであれば、それを知るために必要なのは、誰が、どこで、誰から、どのような影響を受け、それが日本における文化人類学という学問の形成に、いかなる影響を与えてきたのか、という疑問に答え得るだけの基礎資料を揃えることです。こうして、私的な側面を謝辞に書き記すことにしたのは、いつかそのような問いが重要になり、基礎資料が不可欠になる日がやってくるのではないか、という希望とも諦めともつかない、複雑な気持ちからです。

あとがき

本書は、おもに学会、研究会、基調講演での発表原稿に加筆した文章から構成されている。まず、それら口頭発表の場所や日時などを記しておきたい。序章と付録2は、本書のために書き下ろした。

第一章は、二〇〇四年六月五―六日に開催された日本文化人類学会第三八回研究大会（開催地・東京外国語大学）における分科会「終焉を拒む歴史から見える世界――和解・返還・再考」（組織者・太田好信）での口頭発表である。二〇分にも満たない時間的制約のため、準備した原稿の半分も発表することができなかった。グアテマラ先住民に関する節は、大幅に加筆した。

第二章は、二〇〇四年に『史資料ハブ　地域文化研究 No. 3』（東京外国語大学大学院地域文化研究科二一世紀COEプログラム編、六七―八一頁）に同名のタイトルで発表した論文を再録している。また、「歴史の終焉に抗して民族誌を書くこと」『岩波講座・文学（別巻）』（小森陽一他編、三一一―三二九頁、岩波書店）は、本章よりも文学との関係に焦点を絞り議論を進めたが、本章と重複する箇所もある。本章は、ジェイムズ・クリフォードの著作を、『ルーツ』から『文化の窮状』へと時間の流れに逆らって読解する方法の試みである。

第三章は、二〇〇五年五月二〇日、日本文化人類学会第三九回研究大会（開催地・北海道大学）における分科会「亡霊と痕跡——身体・記憶・声をめぐるM・タウシグとの対話」（組織者・太田好信）での口頭発表である。熊本大学の慶田勝彦さんとともに大学院生を巻き込んだ読書会（「ソウルフル文化人類学塾」）をとおして、ふたたびタウシグの著作を読み直すことになったが、その成果を短く発表したものである。読書会の共同組織者である慶田さん、ならびに読書会に熱意をもって参加してくれた大学生や大学院生にお礼を述べておきたい。

第四章は、二〇〇五年一月二二日、多言語社会研究会研究大会（開催地・大阪市）に招かれ発表した論文である。研究大会に招待してくださった熊本県立大学の砂野幸稔さんに感謝したい。グアテマラのように、征服の記憶が残る場所で先住民言語の現状を考えるとき直面する複雑な要因について考察してみたかった。その研究の視点は、日本の状況と交差させることから生まれている。フィールドとホームとを連結する視点は、人類学の特徴である。だからこそ、グアテマラを調査地として選んだのかという回想から、この章を書き始めている。

第五章は、二〇〇五年一月三〇日、第二七回映画社会史研究会（開催地・京都大学）での発表論文である。発表の機会を与えてくださった京都大学の加藤幹郎さんにお礼を述べておきたい。本章で映画に関する言及があるのは、この研究会の関心との交点を模索した結果である。

第六章は、二〇〇六年六月三—四日開催された日本文化人類学会第四〇回研究大会（開催地・東京大学駒場キャンパス）における分科会「音響的近代／民族誌的近代——音の記録史から声の文字化を再考する」（組織者・太田好信）での口頭発表である。近代を特徴づける技術が、時代のエートスとでもよべるものによってその開発が可能になったのではないかと考え、文化人類学における民族誌も、近代のエートスの一部として位置づけられ得るのではないかと考えた。

第七章は、二〇〇七年六月二一三日開催の日本文化人類学会第四一回研究大会（開催地・名古屋大学）で個人発表をしたとき準備した原稿に、注などを加え、加筆したものである。グアテマラ共和国での現地調査で驚かされるのは、新自由主義経済の急速な浸透である。そのような社会変化は多文化主義の政策と並行しており、内戦時代と比較すれば、先住民たちの政治的活動が活発になり、より民主的な国家建設が進行しつつあるようにみえる。だが、実際には「野蛮な先住民」というイメージがメディアには登場し、先住民による叛乱とラディーノによる過剰な抑圧という記憶が呼び起こされていた。

第八章は、二〇〇七年六月一六日、日本コミュニケーション学会第三七回年次大会（開催地・西南学院大学）における基調講演である。これまで接点がなかった学会だったが、新たな聴衆を前に講演する機会を提供していただき、独協大学の柿田秀樹さんをはじめ運営委員の方々にはたいへん感謝している。わたしはルース・ベネディクトを日本文化論、文化とパーソナリティ理論、さらには第二次大戦中の情報活動と社会科学の歴史という諸領域から解放したかった。少なくともわたしにとって、ベネディクトは人類学者であり、そして思想家である。彼女の思想には、現在でも評価すべきところは少なくないと考えている。

付録1の書評は、二〇〇七年『文化人類学』（第七二巻一号、一一八―一二〇頁）に掲載されたものである。この短評も、読解の枠組みが本書を貫く視点と共通しているので、再録することにした。また、付録2のリーディング・リストは編集者の求めに応じた結果であるが、たんに文献リストだけを提示するのではなく、それを文脈化する回顧的なエッセイのなかに書誌情報を埋め込むというスタイルを採用した。

なお、本書において言及されているマヤ民族に関する資料は、平成一七—一九年度科学研究費補助金基盤研究(B)「先住民の文化顕示における土着性の主張と植民国家の変容」(代表者・太田好信)の援助のもと可能になった、グアテマラ共和国における現地調査によって得られたものである。また、本書の理論的視点は、平成一七—一九年度科学研究費補助金萌芽研究「歴史認識の差異からみた文化の所有・流用の比較研究」(代表者・太田好信)の研究成果である。これらの調査、ならびに研究を支援してくださった関係諸機関に深く感謝する。したがって、本書はそれら科学研究費補助金による助成を受けた研究課題の成果報告の一部である。

今回、「叢書 文化研究」シリーズの一冊として出版を可能にしてくれた元人文書院の松井純さんの後押しも特記に値する。彼の変らぬ支援には、頭が下がる思いで一杯である。二〇〇一年、同一の叢書から拙著を上梓することができたが、それ以来負債を背負ってきた感さえする。ありがとうございました。

さて、わたしもようやく後ろを振り返るべき歳を迎えたのかもしれない。大学院修士課程に入学し、文化人類学に深く傾倒してから、気がつけばすでに三〇年が経過している。序章において言及したとおり一九七八年のことであるが、それ以来、わたしを導いてくれた人は数多い。

まず、わたしは沖縄県八重山地方での初めてのフィールド調査以来、沖縄県石垣市や沖縄市、さらには中米ベリーズ、グアテマラ、最近では米国ハワイ州ホノルル市など調査を繰り返してきた。それらの地で調査を実施するにあたり、多くの方々の好意に支えられ、貴重な教えを受けてきた。ここであえて名前を記さないが、わたしの感謝の思いは、それらの人びとにすでに伝わっているはずである。

次に、わたしの文化人類学の師たちの存在も忘れることはできない。おそらく、現在でもわたしには理解が及ばないような深遠な考えを大学院の演習や書物のなかで示してくれていたに違いない。それらを部分的にしか理解していないという気分すらする。それでも、それらの師をとおしてこの学問の「おもしろさ」を学んだということだけは確かである。

わたしのこれからの役目は、文化人類学の道を歩み出す人たちのために、わたしが学んできたこと――大学院だけではなく、フィールド調査においても――を、受け渡すことだと考えている。その継承の過程において、新たな考えが生み出されることを願っている。そんな感謝の意味を込めて、わたしに文化人類学の楽しさを教えてくれた人たち――繰り返すが、いわゆる「文化人類学者」だけではなく、フィールド調査での協力者たちも含めて――に、本書を捧げたい。

二〇〇八年早春　福岡市にて

太田好信

Young, Michael
1998 *Malinowski's Kiriwina.* Chicago : The University of Chicago Press.
Young, Robert
2001 *Postcolonialism.* London : Blackwell.

2003 *Law in a Lawless Land.* New York : New York University Press.
2004 *My Cocaine Museum.* Chicago : The University of Chicago Press.
2006 *Walter Benjamin's Grave.* Chicago : The University of Chicago Press.

Thomas, David Hurst
2000 *Skull Wars.* New York : Basic Books.

Thomas, Nicholas
1999 *Possessions : Indigenous Art/Colonial Culture.* London : Thames and Hudson.

Tsing, Anna
2005 *Friction.* Princeton : Princeton University Press.

Turner, Terrence
2004 "Comment on The Return of the Native." *Current Anthropology* 45(2) : 264-265.

Von Eschen, Penny
1997 *Race Against Empire.* Ithaca : Cornell University Press.

Warren, Kay
1998 *Indigenous Movements and Their Critics.* Princeton : Princeton University Press.
2002 "Voting Against Indigenous Rights in Guatemala." In *Indigenous Movements, Self-Representation, and the State in Latin America.* K. Warren and J. Jackson, eds. Pp. 149-180. Austin, TX : University of Texas Press.

Weheliye, Alexander
2005 *Phonograhies.* Durham : Duke University Press.

Whiteley, Peter
2003 "Do 'Language Rights' Serve Indigenous Interests?" *American Anthropologists* 105(4) : 712-722.

Williams, Elgin
1947 "Anthropology for the Common Man." *American Anthropologist* 49(1) : 84-90.

Wilentz, Sean
2004 "American Recordings : On *Love and Theft* and the Minstrel Boy." In *Studio A : The Bob Dylan Reader.* B. Hedin, ed. Pp. 263-273. New York : Norton.

山口昌男・上野千鶴子
一九九八　対談「エロス・カオス・コスモス」『群像』六月号、三〇四－三二四頁。

Young, James O.
1994 "Should the White Men Play the Blues?" *The Journal of Value Inquiry* 28 : 415-424.

and the State: 1540-1988. Carol Smith, ed. Pp. 72-95. Austin, TX: University of Texas Press.

Smith, Harry, ed.
1998 *Anthology of American Folk Music* (6CD). Washington DC: Folkways.

Starn, Orin
2004 *Ishi's Brain.* New York: Norton.

Sterne, Jonathan
2003 *The Audible Past.* Durham: Duke University Press.

Stocking, George Jr.
1974 "Introduction." In *A Franz Boas Reader.* G. Stocking, ed. Pp. 1-20. Chicago: The University of Chicago Press.

Stott, William
1986 *Documentary Expression and Thirties America.* Chicago: The University of Chicago Press.

杉島敬志
一九九五 「人類学におけるリアリズムの終焉」『民族誌の現在』合田・大塚編、一九五－二一二頁、東京：弘文堂。
二〇〇一 「ポストコロニアル転回後の人類学的実践」『人類学的実践の再構築』杉島編、一－五〇頁、京都：世界思想社。

竹沢尚一郎
二〇〇一 『表象の植民地帝国』京都：世界思想社。

巽孝之
二〇〇二 『プログレッシヴ・ロックの哲学』東京：平凡社。

Taussig, Michael
1980 *The Devil and the Commodity Fetishism in South America.* Chapel Hill: University of North Carolina Press.
1987a *Shamanism, Colonialism and the Wild Man.* Chicago: The University of Chicago Press.
1987b "The Rise and Fall of Marxist Anthropology." *Social Analysis* 21: 101-113.
1992 *The Nervous System.* New York: Routledge.
1993 *Mimesis and Alterity: A Particular History of the Senses.* New York: Routledge.
1997 *The Magic of the State.* New York: Rroutledge.
2002a [1984] "Culture of Terror――Space of Death. Roger Casement's Putomayo Report and the Explanation of Torture." In *Violence: A Reader.* Catherine Bateson, ed. Pp. 211-243. New York: New York University Press.
2002b *Shamanism and Ayahuasca: Interview with Peter Lamborn Wilson.* New York: Autonomedia.

Riffe, Jed and Pamela Roberts, dirs.
1992 *Ishi : The Last Yahi.* 60 minutes. Shanachie.
Rosaldo, R.
1986 *When Natives Talk Back.* Tucson : University of Arizona, Mexican American Studies and Research Center (Renato Rosaldo Lecture Series Monograph Volume 2).
2001 "Reflections on Interdisciplinarity." In *Schools of Thought.* J. W. Scott and D. Keates, eds. Pp. 67-82. Princeton : Princeton University Press.
Sahlins, Marshall
1975 *Culture and Practical Reason.* Chicago : The University of Chicago Press.
Said, Edward W.
2003 *Freud and the Non-European.* London : Verso.
2004 *Humanism and Democratic Criticism.* New York : Columbia University Press.
酒井直樹・西谷修
一九九九 『世界史の解体』東京：以文社。
桜井徳太郎
一九七三 『沖縄のシャーマニズム』東京：弘文堂。
Sante, Luc
2005 "I is Someone Else." *New York Review of Books* LII (no.4) : 35-38.
Scheper-Hughes, Nancy
2001 Ishi's Brain, Ishi's Ashes. *Anthropology Today* 17(1) : 12-18.
2003 "Reflections on Anthropology and Genocide." In *Ishi in Three Centuries.* Karl Kroeber and Clifton Kroeber, eds. Pp. 99-131. Lincoln : University of Nebraska Press.
Schroeder, Patricia
2004 *Robert Johnson, Mythmaking and Contemporary American Culture.* Urbana : University of Illinois Press.
Seider, Rachel
2007 "The Judiciary and Indigenous Rights in Guatemla." *I・Con, the International Journal of Constitutional Law* 5(2) : 211-241.
Sleeper, Jim
1997 *Liberal Racism.* New York : Penguin Books.
Simón, Arnulfo
1998 "Language Contact Experiences of a Mayan Speaker." In *The Life of Our Langauage.* S. Garzon, et al. Pp. 171-187. Austin : University of Texas Press.
Smith, Carol
2000 "Origins of National Question in Guatemala." In *Guatemalan Indians*

Press.
O'Hanlon, Michael
1993 *Paradise.* London : British Museum Press.
岡本太郎
一九九九［一九五四］『今日の芸術』東京：光文社。
OKMA (Oxilajuuj Keej Maya Ajtz'iib')
1997 *Maya' Chii' : Idiomas Mayas de Guatemala.* Guatemala City : holsamaj.
Oliver, Paul
1969 *The Story of the Blues.* Randor, PA : Chilton Book Co.
太田好信
一九九四 「文化」『人類学のコモンセンス』浜本満・浜本まり子編、一－二〇頁、東京：学術図書出版社。
一九九八 『トランスポジションの思想』京都：世界思想社。
二〇〇一 『民族誌的近代への介入』京都：人文書院。
二〇〇三ａ 「批判人類学の系譜」、ジェイムズ・クリフォード著『文化の窮状』解説、五一五－五五三頁、京都：人文書院。
二〇〇三ｂ 『人類学と脱植民地化』東京：岩波書店。
二〇〇四 「歴史の終焉に抗して民族誌を書くこと」『岩波講座・文学（別巻）』三一一－三二九頁、東京：岩波書店。
二〇〇五ａ 「媒介としての文化」『メイキング文化人類学』太田・浜本編、三九－六五頁、京都：世界思想社。
二〇〇五ｂ 「いま、フィールドで何が起きているか」『メイキング文化人類学』太田・浜本編、二六一－二八五頁、京都：世界思想社。
Otzoy, Irma
1999 *Tekum Uman : From Nationalism to Maya Resistance.* Ph. D. Dissertation, Department of Anthropology, University of California, Davis.
ピーコック、ジェイムズ
一九九三［1986］『人類学とは何か』今福龍太訳、東京：岩波書店。
Pearson, Barry Lee and Bill McCulloch
2003 *Robert Johnson : Lost and Found.* Urbana : University of Chicago Press.
Pieper, Jim
2002 *Guatemala's Folk Saints : Maximon/San Simon, Rey Pascual, Judas, Lucifer, and Others.* Los Angels : Pieper and Associates Inc.
歴史的記憶回復プロジェクト
二〇〇〇 『グアテマラ　虐殺の記憶』飯島みどり・新川志保子・狐崎知己訳、東京・岩波書店。
ラモネ、イグナシオ
二〇〇二 『マルコス　ここは世界の片隅なのか』湯川順夫訳、東京：現代企画社。
Ramos, Alcida
2003 "Comment." *Current Anthropology* 44(3) : 397-398.

Civilization. Nathan Schlanger, ed. Pp. 77-95. Oxford : Berghahn Books.
Mauer, William
2003 "Comment : Got Language?" *American Anthropologist* 105(4) : 775-781.
McAllister. Carlota
2003 *Good People : Revolution, Community and Conciencia in Maya-Kiche' Village in Guatemala*. Ph. D. Dissertation, Johns Hopkins University.
McConahay, Mary Jo
2003 *Dicussion Guide : Discovering Dominga*. American Documentry, Inc. (MS.)
Mead, Margaret
1966 *An Anthropologist at Work*. New York : Atherton Press.
1974 *Ruth Benedict*. New York : Columbia University Press.
1989 [1959] "Preface." In *Patterns of Culture* (by Ruth Benedict). Boston : Houghton Mifflin Co.
Meister, Robert
1990 *Political Identity*. Oxford : Basil Blackwell.
Menchú, Rigoberta
1998 *Crossing Borders*. Ann Wright, trans. London : Verso.
目取真俊
二〇〇四 『風音』東京：リトル・モア。
Meyer, Peter, dir.
1997 *Can't You Hear the Wind Howl?* 76 minutes. Win Star.
Montejo, Victor
2002 "The Multiplicity of Mayan Voices." In *Indigenous Movements, Self-Representation, and the State in Latin America*. K. Warren and J. Jackson, eds. Pp. 123-148. Austin, TX : University of Texas Press.
2003 *Oxlanh B'aqtun*. Guatemala : Editorial Cultura.
2006 *Maya Intellectual Renaissance : Identity, Representation, and Leadership*. Austin, TX : University of Texas Press.
Morales, Mario Roberto
1998 *La Articulación de las Diferencias o el Síndrome de Maximón*. Guatemala City : FLACSO.
モリスン、トニ
一九九〇 『ビラヴド』(上・下) 吉田迪子訳、東京：集英社。
Mosley, Walter
1995 *RL's Dream*. New York : Washington Square Press.
中沢新一
二〇〇六 『芸術人類学』東京：みすず書房。
Needham, Rodney
1972 *Belief, Language, and Experience*. Chicago : The University of Chicago

1985 *The View From Afar.* Joachim Neugroschell and Phoebe Hoss, trans. London : Penguin Books.
レヴィ＝ストロース、クロード
一九七〇［1952］『人種と歴史』荒川幾男訳、東京：みすず書房。
Lott, Eric
1995 *Love and Theft : Blackface Minstrelsy and the American Working Class.* Oxford : Oxford University Press.
Maanen, John, van
1988 *Tales from the Field.* Chicago : The University of Chicago Press.
Manganaro, Marc
2002 *Culture, 1922.* Princeton : Princeton University Press.
Mark, Joan
1988 *A Stranger in Her Native Land.* Lincoln, Nebraska : University of Nebraska Press.
Macpherson, C. B.
1962 *The Political Theory of Possessive Individualism.* Oxford : Oxford University Press.
Malinowski, Bronislaw
1961［1922］ *Argonauts of the Western Pacific.* New York : Dutton and Co.
1967 *A Diary in the Strict Sense of the Term.* New York : Harcourt, Brace and the World.
Mamdani, Mahmood
1997 *When Victims Become Killers.* Princeton : Princeton University Press.
2004a "Race and Ethnicity as Political Identities in African Context." In *Keywords : Identity.* Pp. 1-23. New York : Other Press.
2004b *Good Muslim, Bad Muslim : America, the Cold War, and the Roots of Terror.* New York : Pantheon.
Marcus, George and M. J. Fischer
1986 *Anthropology as Cultural Critique.* Chicago : The University of Chicago Press.
Marcus, Greil
1997 *Invisible Republic : Bob Dylan's Basement Tapes.* New York : Owl Books.
Mascia-Lees, Frances and Susan H. Lees
2003 "Introduction. A Speical Issue on Language Ideologies, Rights, and Choices." *American Anthropologist* 105(4) : 710-711.
松田素二
一九九九 『抵抗する都市』東京：岩波書店。
Mauss, Marcel
2006［1935］ "Techniques of the Body." In *Techniques, Technology and*

Jameson, Fredric
1988 *The Ideology of Theory* (*Volume 2*). Minneapolis: University of Minnesota Press.
Johnston, Barbara Rose
2003 "Reparations for Dam-Displaced Communities?" *Anthropology News* 44(8): 27-28.
Jonas, Suzanne
2000 *Of Centaurs and Doves.* Boulder: Westview Press.
慶田勝彦
二〇〇五 「未完のフィールドワーク」『メイキング文化人類学』太田・浜本編、一三七－一六〇頁、京都：世界思想社。
狐崎知己
二〇〇七 「グアテマラにおけるマヤ民族の虐殺」『大量虐殺の社会史』松村・矢野編、二八一－三二〇頁、京都：ミネルヴァ書房。
Kroeber, Alfred
1925 *Handbook of the Indians of California. BAE Bulletin* 78. Washington, D.C.: Government's Printing Office.
クローバー、シオドーラ
二〇〇三 『イシ――北米最後の野生インディアン』行方昭夫訳、東京：岩波書店。
Kuper, Adam
1994 "Culture, Identity, and the Project of a Cosmopolitan Anthropology." *Man* (n.s.) 29: 537-554.
1999 *Culture.* Cambridge, MA: Harvard University Press.
2003 "The Return of the Native." *Current Anthropology* 44(3): 389-402.
桑山敬己
二〇〇一 「ネイティヴの人類学の最前線」『社会人類学年報』第二七巻、一四一－一五六頁、東京：弘文堂。
Lapsley, Hilary
2002 [一九九〇] *Margaret Mead and Ruth Benedict.* Amherst, MA: University of Massachusetts Press. (『マーガレット・ミードとルース・ベネディクト』伊藤悟訳、東京：明石書店)
Leach, Edmund
1961 *Rethinking Anthropology.* London: Athlone Press
Lear, Jonathan
2006 *Radical Hope.* Cambridge, MA: Harvard University Press.
レッシグ、ローレンス
二〇〇二 『コモンズ』山形浩生訳、東京：翔泳社。
Lévi-Strauss, Claude
1966 "Anthropology: Its Achievements and Future." *Current Anthropology* 7(2): 124-127.

Guinier, Lani and Gerald Torres
2002 *The Miner's Canary.* Cambridge, MA : Harvard University Press.
Gupta, Akhil and James Ferguson
1997 "Discipline and Practice." In *Anthropological Locations.* A. Gupta and J. Ferguson, eds. Pp. 1-46. Berkeley : University of California Press.
Hale, Charles
2006a "Activist Research vs. Cultural Critique." *Cultural Anthropology* 21 : 96-120.
2006b *Más Que Un Indio : Racial Ambivalence and Neoliberal Multiculturalism in Guatemala.* Santa Fe : School of American Research Press.
浜本満
二〇〇五a 「ファーストコンタクト再演」『メイキング文化人類学』太田・浜本編、一五－三七頁、京都：世界思想社。
二〇〇五b 「村のなかのテント」『メイキング文化人類学』太田・浜本編、六七－八九頁、京都：世界思想社。
二〇〇五c 「あとがき」『メイキング文化人類学』太田・浜本編、二九七－三〇〇頁、京都：世界思想社。
Handy, Jim
1989 "A Sea of Indians : Ethnic Conflict and the Guatemalan Revolution, 1944-1952." *The Americas : A Quarterly Review of Inter-American History* 46(2) : 189-204.
Harper, Kenn
2001 *Give Me My Father's Body.* London : Profile Books
ヘントフ、ナット
一九九七［1964］『ジャズ・カントリー』木島始訳、東京：晶文社。
Hertz, Robert
1960［1907］ *The Death and the Right Hand.* R. Needham and C. Needham, trans. London : Cohen and West.
Hill, Robert M.
1992 *Colonial Cakchiquels.* New York : Harcourt, Brace and Jovanovich.
Hill, Walter, dir.
1986 *Crossroads.* 99 munites. Columbia Pictures.
Hobsbawm, Eric and Terence Ranger, eds.
1983 *The Invention of Tradition.* Cambridge : Cambridge University Press.
保苅実
二〇〇四 『ラディカル・オーラル・ヒストリー』東京：御茶ノ水書房。
Hurston, Zora Neale
1990［1935］ *Mules and Men.* New York : Harper and Row.
伊豫谷登志翁
二〇〇二 『グローバリゼーションとは何か』東京：平凡社。

Fischer, Edward
1997 "Induced Culture Change as a Strategy for Socioeconomic Development." In *Maya Cultural Activism in Guatemala*. E. Fischer and R. Brown, eds. Pp. 51-73. Austin, TX : University of Texas Press.
1999 "Cutural Logic and Maya Identity." *Current Anthropology* 40(4) : 473-499.
2001 *Cultural Logics and Global Economies*. Austin, TX : University of Texas Press.
Fischer, Edward and R. McKenna Brown
1997 "Introduction." In *Maya Cultural Activism in Guatemala*. E. Fischer and R. M. Brown, eds. Pp. 1-18. Austin, TX : University of Texas Press.
Flaherty, Robert, dir.
1922 *Nanook of the North*. 79 minutes. Criterion.
Flynn, Patricia, dir.
2002 *Discovering Dominga*. 48 minutes. American Documentary, Inc.
Foster, George
2003 "Assuming Responsibility for Ishi." In *Ishi in Three Centuries*. Karl Kroeber and Clifton Kroeber, eds. Pp. 89-98. Lincoln : University of Nebraska Press.
Frazer, Nancy and Axel Honneth
2003 *Redistribution or Recognition?* London : Verso.
Freidel, John, L. Schele, and J. Parker
1995 *Maya Cosmos*. New York : Quill.
Freud, Sigmund
2003 [1919] "The Uncanny." In *The Uncanny*. D. McLintock, trans. Pp. 121-162. London : Penguin Classics.
Friedman, Jonathan
1992 "The Past in the Future." *American Anthropologist* 94(4) : 837-859.
1994 "Will the Real Hawaiian Please Stand." *Bijdragen tot de Taal-Land-en Volkenkunde* 149 : 737-767.
1996 "The Politics of De-Authentification." *Identities* 3(1-2) : 127-136.
2003 "Globalizing Languages." *American Anthropologist* 105(4) : 744-752.
Geertz, Clifford
1973 *The Interpretation of Cultures*. New York : Basic Books.
1988 *Works and Lives*. Stanford : Stanford University Press.
言語権研究会編
一九九九 『ことばへの権利』三元社。
Gordon, Avery
1997 *Ghostly Matters*. Minneapolis : University of Minnesota Press.

Comaroff, Jean and John Comaroff
1999 "Occult Economies and the Violence of Abstraction: Notes from the South African Postcolony." *American Ethnologist* 26(2): 279-303.
コンラッド、ジョーゼフ
一九五八 『闇の奥』中野好夫訳、東京：岩波書店。
Coombes, Rosemary
1998 *The Cultural Life of Intellectual Properties.* Durham: Duke University Press.
Darnell, Regna
2001 *Invisible Genealogies.* Lincoln: University of Nebraska Press.
デリダ、ジャック
二〇〇四 『マルクスと息子たち』國分功一郎訳、東京：岩波書店。
二〇〇七 『マルクスの亡霊たち』増田一夫訳、東京：藤原書店。
Dylan, Bob
2004 *Chronicles: Volume One.* New York: Simon and Schuster.
江戸淳子
二〇〇二 「ニューカレドニアのカナク・アイデンティティとその歴史」『立命館言語文化研究』第一四巻一号、五一一五頁。
Ellison, Ralph
1995 *The Collected Essays of Ralph Ellison.* New York: The Modern Library.
England, Nora
1996 *Introducción a la Lingüística.* Guatemala City: Cholsamaj.
2003 "Mayan Language Revival and Revitalization Politics." *American Anthropologist* 105(4): 733-743.
Fabian, Johannes
2002 [1983] *Time and the Other.* New York: Columbia University Press.
ファノン、フランツ
一九六九 『地に呪われたる者』鈴木道彦・浦野衣子訳、東京：みすず書房。
Falla, Ricardo
2007 *Rigoberta Menchú: ¿estrella fugaz en el cielo electoral?* (MS.)
Farred, Grant
2006 *Phantom Calls: Race and the Globalization of the NBA.* Chicago: Prickly Paradigm Press.
Figgis, Mike, dir.
2003 *Red, White and Blues.* 126 minutes. Vulcan Productions.
Fine-Dare, Kathaleen
2002 *Grave Injustice.* Lincoln: University of Nebraska Press.
フィンケルクロート、アラン
一九八八 『思考の敗北あるいは文化のパラドクス』西谷修訳、東京：河出書房新社。

訳、大阪：関西大学出版部）
Calhoun, Craig
1994 *Social Theory and the Politics of Identity.* London : Blackwell.
Carey, David
2001 *Our Elders Teach Us : Maya Kaqchikel Historical Perspectives.* Tuscalusa : University of Alabama Press.
セゼール、エメ
一九九七 『帰郷ノート／植民地主義論』砂野幸稔訳、平凡社。
Charters, Samuel
1975 [1959] *The Country Blues.* New York : Da Capo.
中米におけるエスニシティ研究班
一九九九 「先住民とアイデンティティと諸権利に関する合意」『未来にむけた先住民族のアイデンティティの再編』一〇六－一二六頁、神戸外国語大学外国語研究所。
Clifford, James
1980 "Fieldwork, Reciprocity, and the Making of Ethnographic Texts." *Man* (n.s.) 15 : 518-532.
1986 "On Ethnographic Allegory." In *Writing Culture.* J. Clifford and G. Marcus, eds. Pp. 98-121. Berkeley : University of Califronia Press.
1990 "Response." *Social Analysis* 29 : 145-157.
2000 "Taking Identity Politics Seriously." In *Without Guarantees.* Paul Gilroy et al., eds. Pp. 94-112. London : Verso.
2003 *On the Edges of Anthropology (Interviews)*. Chicago : Prickly Paradigm Press.
2004 "Looking Several Ways : Anthropology and Native Heritage in Alaska." *Current Anthropology* 45 (1) : 5-30.
2007 "Varieties of Indigenous Experience." In *Indigenous Experience Today.* Marisol de la Cadena and Orin Starn, eds. Pp. 197-223. London : Berg.
クリフォード、ジェイムズ
二〇〇二 『ルーツ』毛利嘉孝他訳、東京：月曜社。
二〇〇三 『文化の窮状』太田好信他訳、京都：人文書院。
CEH (Comisión para el Esclaracimiento Históricο)
1999 *Guatemala : Memory of Silence.* Guatemala City : CEH.
Cojtí, Narciso, et al.
1998 *Diccionario Kaqchikel.* Antigua : Proyeto Lingüístico Francisco Marroquin.
Cole, Douglas and Ira Chaikin
1990 *An Iron Hand upon the People.* Seattle : University of Washington Press.

一九九六b [1936] 「物語作者」『ベンヤミン・コレクション2』浅井健二郎他訳、二八三－三三四頁、東京：筑摩書房。
一九九六c [1923] 「翻訳者の使命」『ベンヤミン・コレクション2』浅井健二郎他訳、三八七－四一一頁、東京：筑摩書房。
Bloom, Harold
1973 *The Anxiety of Influence.* Oxford : Oxford University Press.
Benedict, Ruth
1932 "Configurations of Culture in North America." *American Anthropologsit* 34 : 1-27.
1966 [1934] "Anthropology and the Abnormal." In *An Anthropologist at Work.* Margaret Mead, ed. Pp. 262-283. New York : Atherton Press.
1974 [1946] *The Chrysanthemum and the Sword.*（『菊と刀』長谷川松治訳、東京：社会思想社、一九四八）
1989 [1934] *Patterns of Culture.* Boston : Houghton Mifflin Co.（『文化の型』米山俊直訳、東京：社会思想社、一九七三）
ベネディクト、ルース
一九九七 『日本人の行動パターン』福井七子・P. ケント訳、東京：日本放送出版協会。
Boas, Franz
1974 [1904] "The History of Anthropology." In *A Franz Boas Reader.* Stocking, ed. Pp. 23-36. Chicago : The University of Chicago Press.
Bracken, Christopher
1997 *The Potlatch Papers.* Chicago : The University of Chicago Press.
Brandes, Stanley
2003 "Assuming Responsibility for Ishi." In *Ishi in Three Centuries.* Karl Kroeber and Clifton Kroeber, eds. Pp. 87-88. Lincoln : University of Nebraska Press.
Brettell, C.
1993 "Introduction." In *When They Read What We Write.* C. Brettell, ed. Pp. 1-24. Westport, CT : Bergin and Garvey.
Brown, Michael F.
2003 *Who Owns Native Culture?* Cambridge, MA : Harvard University Press.
ブラウン、ディー
一九七二 『わが魂を聖地に埋めよ――アメリカ・インディアン闘争史』（上・下）鈴木主悦訳、東京：草思社。
Buck-Morss, Susan
1989 The Dialectics of Seeing. Cambridge, MA : MIT Press.
Caffrey, Margaret
1989 [一九九三] *Stranger in This Land.* Austin, TX : University of Chicago Press.（『ルース・ベネディクト――さまよえる人』福井七子・上田誉志美

引用文献

（アルファベット表記順）

Achebe, Chinua

1988 [1977] *An Image of Africa.* In *Heart of Darkness* [A Norton Critical Edition]. Robert Kimbrough, ed. Pp. 251-262. New York : Norton and Co.

Adams, Richard N.

1990 "Ethnic Images and Strategies in 1944." In *Guatemalan Indians and the State : 1540-1988.* Carol Smith, ed. Pp. 141-162. Austin, TX : University of Texas Press.

Agee, James, and W. Evans

1988 [1941] *Let Us Now Praise Famous Men.* Boston : Houghton Mifflin Co.

Akkeren, Ruud, van

2007 *La Visión Indígena de la Conquista.* Antigua : Cirma.

アレクシー、シャーマン

一九九八 [1996] 『レザベーション・ブルーズ』金原瑞人訳、東京：東京創元社。

Ashforth, Adam

2005 *Witchcraft, Violence, and Democracy in South Africa.* Chicago : The University of Chicago Press.

Balibar, Étienne

1991 "Is There a 'Neo-Racism'?" In *Race, Nation, Class.* É. Balibar and I. Wallerstein, eds. Pp. 7-21. London : Verso.

Barkan, Elazar

2000 *The Guilt of Nations.* Baltimore : Johns Hopkins University Press.

Barnouw, Victor

1957 "The Amiable Side of 'Patterns of Culture'." *American Anthropologist* 59(3) : 532-536.

バルト、ロラン

二〇〇五 『ロラン・バルト著作集３』下澤和義訳、東京：みすず書房。

Bateson, Mary Catherine

1989 "Forward". In *Patterns of Culture* (by Ruth Benedict). Boston : Houghton Mifflin Co.

ベンヤミン、ヴァルター

一九九五 [1940] 『歴史の概念について」『ベンヤミン・コレクション１』浅井健二郎他訳、六四五－六六五頁、東京：筑摩書房。

一九九六 a [1933] 「模倣の能力について」『ベンヤミン・コレクション２』浅井健二郎他訳、七五－八一頁、東京：筑摩書房。

サ行

事項索引

ア行

カ行

ヘイル，チャールス　Hale, Charles　217
ベネディクト，ルース　Benedict, Ruth　145, 160
ヘントフ，ナット　Hentoff, Nat　113
ベンヤミン，ヴァルター　Benjamin, Walter　71, 91, 127, 147, 159, 216
ボアズ，フランツ　Boas, Franz　30, 48, 122, 137, 228
ポウプ，サクストン　Pope, Saxton　31
保苅実　232
ホブスボウム，エリック　Hobsbawm Eric　193
ホルムズ，ウィリアム　Holmes, William H.　138

マ行

マーカス，ジョージ　Marcus, George　226
マーカスとフィッシャー　Marcus and Fischer　226
マクファースン, C. B.　Macpherson, C. B.　105
マシモン　Maximon　79, 80
マーシュ，R. O.　Marsh, Richard Oglesby　142
マムダニ，マムード　Mamdani, Mahmood　83, 134, 219
マリー，ジェイムズ　Murie, James　68
マリノフスキー，ブラニスラウ　Malinowski, Bronislaw　43, 87, 196
マルクス，カール　Marx, Karl　82, 137, 162, 226
マルコス副司令官　Marcos　66
ミニク　Minik　123
メイヤー，ピーター　Meyer, Peter　210
目取真俊　130, 133
メンチュウ，リゴベルタ　Menchú, Rigoberta　78, 157
モース，マルセル　Mauss, Marcel　137, 189
モスリー，ウォルター　Mosley, Walter　11
モラレス，マリオ・ロベルト　Morales, Roberto　214
モリスン，トニ　Morrison, Toni　12
モンテホ，ヴィクトール　Montejo, Victor　180, 223

ヤ行

山口昌男　187

ラ行

ラドクリフ＝ブラウン，A. R.　Radcliff-Brown, A. R.　43
ラ・フレッシュ，フランシス　La Flesch, Francis　68
リヴァース，W. H. R.　Rivers, W. H. R.　43
リオス・モント将軍　Rios Montt　34
レヴィ＝ストロース，クロード　Lévi-Strauss, Claude　68, 69, 186, 189, 198, 200, 212, 231

デンズモア，フランシス　Densmore, Frances　135
ドミンガ・シック　Dominga Sic Ruiz　33

ナ行
中沢新一　185
ニーチェ，フリードリヒ　Nietzsche, Friedrich　230

ハ行
ハーストン，ゾラ・ニール　Hurston, Zora Neale　229
パーソンズ，タルコット　Parsons, Talcott　199
バタイユ，ジョルジュ　Bataille, Georges　186, 189
パットン，チャーリー　Patton, Charley　82
浜本満　225, 232
ハモンド，ジョン　Hammond, John H.　209
バリバール，エティエンヌ　Balibar, Étienne　222
バルト，ロラン　Barthes, Roland　8
ハンディ，W.C.　Handy, William Christopher　111
ハント，ジョージ　Hunt, George　48, 69
ピアリ，ロバート　Peary, Robert　123
ピーコック，ジェイムズ　Peacock, James　166
ピーターズ，ラモナ　Peters, Ramona　24
ヒル，ウォルター　Hill, Walter　112
ファジャ，リカルド　Falla, Ricardo　223
ファノン，フランツ　Fanon, Franz　211
フィギス，マイク　Figgis, Mike　112
フィッシャー，エドワード　Fischer, Edward　127, 226
フュークス，J. ウォルター　Fewkes, J. Walter　138
ブラウン，ディー　Brown Dee A.　27
ブラウン，マイケル　Brown, Michael　22, 120
フラハーティ，ロバート　Flaherty, Robert　142
フリードマン，ジョナサン　Friedman, Jonathan　98
フルドリカ，A.　Hrdlicčka, A.　28, 123
ブルーム，ハロルド　Bloom, Harold　118
ブレイク，ウィリアム　Blake, William　81
プレスリー，エルヴィス　Presley, Elvis　114
フレッチャー，アリス　Fletcher, Alice　138
ヘイスティング，デニス　Hastings, Denis　144
ベイトスン，メアリー・キャサリン　Bateson, Mary Catharine　171

60,65,179,199,201,218
栗本慎一郎　187
クレイ，ロバート　Cray, Robert　209
クローバー，アルフレッド　Kroeber, Alfred　16,124,138,216
クローバー，シオドーラ　Kroeber, Theodora　25,124
ケイスメント，ロジャー　Casement, Roger　84,232
慶田勝彦　224,226,227
コジンスキー，アレックス　Kozinski, Alex　119
ゴードン，エイヴェリー　Gordon, Avery　96
コヒティ，ナルシソ　Cojtí, Narciso　100
コリアー，ジョン　Collier, John　124
コリングウッド，R. G.　Collingwood, R. G.　195
コンラッド，ジョセフ　Conrad, Joseph　21,61

サ行

サイード，エドワード　Said, Edward W.　20,130,196,199
サーリンズ，マーシャル　Sahlins, Marshall　137,198,230
ジェファースン，トーマス　Jefferson, Thomas　122
シュナイダー，デイヴィッド　Schneider, David　228
シュローダー，パトリシア　Schroeder, Patricia R.　12
ジョイス，ジェイムズ　Joyce, James　43
ジョンスン，ロバート　Johnson, Robert　8
ジンミル，ミッキー　Gemmill, Mickey　29
スコーセッシ，マーティン　Scorsese, Martin　112
スターン，オーリン　Starn, Orin　28
スターン，ジョナサン　Sterne, Jonathan　140
ストッキング，ジョージ　Stocking, George　228
スミス，ハーリー　Smith, Harry　74
セゼール，エメ　Césaire, Aimé　210

タ行

タウシグ，マイケル　Taussig, Michael　20,71,80-82,91,95,126,142,155,189,199,212,232
タランティーノ，クウェンティン　Tarantino, Quentin　118
チャカッチ，マルティン　Chacach, Martin　100
チャーターズ，サム　Charters, Sam　209
ツン，アナ　Tsing, Anna L.　181,217
デイ，フランク　Day, Frank　31
ディラン，ボブ　Dylan, Bob　9,72
デリダ，ジャック　Derrida, Jacques　12,54,162,182,226

人名索引

ア行

アガシス　Agassiz, Louis　122
アダムス，リチャード　Adams, Richard　155
アチェベ，チヌア　Achebe, Chinua　21
アルバラード，ペドロ・デ　Alvarado, Pedro de　78
アレクシー，シャーマン　Alexie, Sherman　11
アングル，アート　Angle, Art　27
イシ　Ishi　16, 17, 124, 138, 216
イングランド，ノラ　England, Nora C.　100
ウィスラー，クラーク　Wissler, Clark　177
ウィンウッド，スティーヴ　Winwood, Steve　112
ウォーカー，ジェイムズ　Walker, James　60
ウォーターマン，トーマス　Waterman, Thomas　138
ウマン，テクン　Uman, Tekun　77, 78, 212
ウルフ，ハウリング　Wolf, Howling (a.k.a. Chester Burnett)　114
エイジー，ジェイムズ　Agee, James　231
エヴァンス，ウォーカー　Evans, Walker　231
エリオット，T. S.　Eliot, T. S.　43
エリスン，ラルフ　Ellison, Ralph　114
エルツ，ロベール　Hertz, Robert　90
岡本太郎　230
オズウォルド，ロバート　Oswald, Robert　60
オニール，ジム　O'Neal, Jim　7
オハンロン，マイケル　O'Hanlon, Michael　128

カ行

カヒィ・イモッシュ　Kaji' Imox　157, 180
カフリー，マーガレット　Caffrey, Margaret　165, 179
ギアツ，クリフォード　Geertz, Clifford　54, 141, 181, 214
キスク　Qisuk　123
ギフォード，エドワード　Gifford, Edward　29
キャレイ，デイヴィッド　Carey, David　108
クッシング，フランク　Cushing, F. H.　137
クーパー，アダム　Kuper, Adam　44, 106, 215
クリフォード，ジェイムズ　Clifford, James　23, 44, 46, 49, 51, 54, 56,

著者略歴

太田好信（おおた・よしのぶ）

1954年札幌市生。1979年ノースウエスタン大学大学院人類学修士課程修了（M. A. 取得），1987年ミシガン大学大学院人類学博士課程修了（Ph. D. 取得）。米国インディアナ州アーラム大学，北海道東海大学を経て，現在，九州大学大学院比較社会文化研究院教授。専門は文化人類学。主な調査地は沖縄とグアテマラ共和国。著書に『トランスポジションの思想——文化人類学の再想像』（世界思想社，1998），『民族誌的近代への介入——文化を語る権利は誰にあるのか』（人文書院，2001），『人類学と植民地化』（岩波書店，2003），『メイキング人類学』（共編，世界思想社，2005），訳書にJ・クリフォード『文化の窮状——二十世紀の民族誌，文学，芸術』（共訳，人文書院，2003）など。

叢書 文化研究6
亡霊としての歴史
痕跡と驚きから文化人類学を考える

2008年6月15日 初版第1刷印刷
2008年6月25日 初版第1刷発行
著　者 太田好信
発行者 渡辺博史
発行所 人文書院
〒612-8447 京都市伏見区竹田西内畑町9
電話 075-603-1344 振替 01000-8-1103
装幀者 間村俊一
印刷所 創栄図書印刷株式会社
製本所 坂井製本所

落丁・乱丁本は小社送料負担にてお取替えいたします

ISBN978-4-409-53037-5